3,50 U [...]
U 50 ②

Mensch und Spiritualität

Mensch und Spiritualität

Eugen Biser und Richard Heinzmann
im Gespräch

Einbandgestaltung: Peter Lohse, Büttelborn.

Einbandabbildung: Eugen Biser und Richard Heinzmann,
Aufnahme von 2007, © Michael Leh.

Die Deutsche Nationalbibliothek verzeichnet diese Publikation
in der Deutschen Nationalbibliografie;
detaillierte bibliografische Daten sind im Internet über
http://dnb.d-nb.de abrufbar.

© 2008 by WBG (Wissenschaftliche Buchgesellschaft), Darmstadt
Die Herausgabe des Werkes wurde durch
die Vereinsmitglieder der WBG ermöglicht.
Satz: Setzerei Gutowski, Weiterstadt
Gedruckt auf säurefreiem und alterungsbeständigem Papier
Printed in Germany

Besuchen Sie uns im Internet: www.wbg-darmstadt.de

ISBN 978-3-534-20862-3

Claudia von Bressensdorf
Dr. Karl Hubertus Eckert
Dr. Werner Wurm
in Anerkennung ihres selbstlosen Engagements
für die Eugen-Biser-Stiftung

Inhalt

Vorwort 9

Geleitwort 11

I. Eugen Biser und Richard Heinzmann im Gespräch:
Mensch und Spiritualität 15

Teil 1: Die Frage nach dem Menschen

1. Theologie und Naturwissenschaft 17
2. Der Mensch als Exemplar 21
3. Der Mensch als Person 26
4. Der Mensch als Frage 31
5. Von der Person zur Persönlichkeit 35
6. Selbstfindung und Selbstverlust 39
7. Der Tod 43
8. Die Angst 48
9. Das Böse 52
10. Die Todüberwindung 57
11. Die Angstüberwindung 61
12. Gotteskindschaft 65
13. Der Weg zum Glauben 70

Teil 2: Grundlagen christlicher Spiritualität

1. Zeitdiagnose 74
2. Esoterik und Spiritualität 78
3. Christliche Spiritualität 83
4. Gebet und Glaube 88
5. Versöhnung durch Mystik 92
6. Das Vaterunser 97

7. Das revolutionäre „Abba" – Vater 102

8. Geheiligt werde dein Name 106

9. Dein Reich komme 111

10. Unser tägliches Brot 116

11. Vergib uns unsere Schuld 120

12. Freiheit und Gewissen 125

13. Der Ruf aus der Tiefe 129

II. Richard Heinzmann: Zur Theologie von Eugen Biser.
Einsichten und Konsequenzen 135

    1. Der theologiegeschichtliche Hintergrund 135

    2. Der theologische Ansatz von Eugen Biser.
       Einsichten und Konsequenzen 141

    3. Zukunftsperspektiven 148

    4. Würdigung 149

Namenregister 151

Vorwort

„Mensch und Spiritualität" ist die schriftliche Fassung einer Reihe von Gesprächen zwischen Eugen Biser und Richard Heinzmann, die in je 13 Folgen in Wiederholung vom Bayerischen Rundfunk, BR alpha, ausgestrahlt wurde. Die Einteilung des Buches entspricht der Abfolge der Sendungen. Durch das Gespräch bedingte gelegentliche Wiederholungen wurden, um den jeweiligen Kontext nicht zu beeinträchtigen, beibehalten.

Die beiden Gesprächspartner setzten einen Dialog fort, der mit der Präsentation des Neuansatzes christlicher Theologie durch Eugen Biser seinen Anfang genommen hatte und unter dem Titel „Theologie der Zukunft. Eugen Biser im Gespräch mit Richard Heinzmann" bei der Wissenschaftlichen Buchgesellschaft, Darmstadt, 2005 veröffentlicht wurde. Beide Bücher sind in ihrer Gedankenführung eigenständige und in sich abgeschlossene Publikationen. Auf einer tieferen Ebene sind sie gleichwohl durch den heilsgeschichtlichen Grundansatz der Theologie von Eugen Biser aufs engste miteinander verbunden.

Auf der Suche nach dem Identitätsgrund des Christentums bricht Eugen Biser das in sich geschlossene und abstrakte Lehrsystem christlichen Glaubens auf, um es auf diese Weise zur konkreten Wirklichkeit zurückzuführen. Dabei zeigt es sich, daß dieser Identitätsgrund des Christseins nicht eine Lehre ist, sondern eine Person, nämlich Jesus Christus selbst mit seiner Botschaft von Gott als dem vorbehaltlos liebenden Vater. Dieses christliche, nach Bisers Überzeugung in der gesamten Religionsgeschichte singuläre Gottesverständnis, das sich durch den Begriff „Vater" unmittelbar auf den konkreten Menschen bezieht, ist die Mitte der christlichen Offenbarung. Angesichts der existentiellen Probleme und der ihn ständig bedrängenden Sinnfrage, die in der Unausweichlichkeit des Todes ihre letzte Zuspitzung findet, ist der Mensch ständig von der Gefahr bedroht zu verzweifeln.

Aus der doppelten Perspektive, der konkreten Situation des Menschen einerseits und der christlichen Sinnzusage andererseits, soll in diesem Buch nach dem Menschen und seiner Spiritualität gefragt werden. Das dialogische Verhältnis zwischen Gott und Mensch, das in dem Gedanken der Gotteskindschaft seine höchste Aufgipfelung erfährt, ist das Thema der christlichen Anthropologie, von der im ersten Teil dieses Bandes gehandelt wird. Man kann hier jedoch nicht bei theoretischen Reflexionen stehenbleiben: Der Gott Jesu Christi fordert den ganzen Menschen, er verlangt nach einem existentiellen Vollzug von Christsein. Die Frage nach der Gestaltung dieses Vollzugs, der Weg von der Theorie zur Praxis, von der Erläuterung zur inneren Aneignung ist Gegenstand der christlichen Spiritualität, die im zweiten Teil des vorliegenden Dialogs zur Sprache kommt. In einem abschließenden Essay wird das theologische Lebenswerk von Eugen Biser im Rahmen der abendländischen Theologiegeschichte gewürdigt und dessen Aktualität nachdrücklich hervorgehoben.

Für die Mitarbeit bei der redaktionellen Gestaltung des Textes sei wiederum Frau Lic. theol. M. A. phil. Monika Schmid herzlich gedankt. Besondere Erwähnung verdient auch die kompetente verlegerische Betreuung durch die Wissenschaftliche Buchgesellschaft und die gute Zusammenarbeit mit dem für diese Publikation zuständigen Lektor, Herrn Dr. Bernd Villhauer.

München, Juli 2007   Richard Heinzmann

Geleitwort

Ein guter Dialog ist auf Fortsetzung angelegt, weil er Ergebnisse nicht fest- und vorschreibt, sondern ein Nach- und Weiterdenken erwartet. Der nunmehr zweite Band der Dialoge zwischen Eugen Biser und Richard Heinzmann wendet sich an den Leser, der in der Vielfalt der auf ihn einströmenden Eindrücke und Erfahrungen, in der Flüchtigkeit der für ihn geschriebenen und ins Bild gesetzten Mitteilungen einen festen Standpunkt sucht, der von den Wogen und Wellen der Zeit nicht mitgerissen werden, sondern gleich einem Wellenreiter in den Wellen Ziel und Übersicht bewahren will, der im Gedränge und in der Bewegtheit seiner Gegenwart zu sich selbst finden, die in ihm angelegten Fähigkeiten entfalten will.

Eugen Biser und Richard Heinzmann entdecken das Christentum als eine Religion des Dialogs, der gegenseitigen Begegnung und Verständigung neu. Die christliche Botschaft wird für uns aus einem überraschenden und doch naheliegenden Grund glaub-würdig: Sie entspreche unseren inneren Sehnsüchten und Erwartungen, sie komme als Religion der Liebe dem Bedürfnis jedes Menschen, geliebt zu werden, entgegen. Zugleich helfe das Christentum, den Menschen als Person und in seiner Entfaltung von der Person zur Persönlichkeit neu zu entdecken. Der Mensch trete als Dialogpartner Gott gegenüber, habe ein Gewissen – ein sittliches, ein intellektuelles, ein ästhetisches und ein Existenzgewissen –; er sei in seinem „Möglichkeitsspielraum" selbstverantwortlich und selbstbestimmend, könne in der Annahme seiner selbst über seine Selbstverwirklichung oder die Verfehlung seiner selbst entscheiden und urteilen.

Mit dieser Annahme seiner selbst ist nun nicht eine vordergründige Selbstverwirklichung eines Menschen gemeint, der nur auf sich selbst schaut, sein äußeres Wohlergehen zum Maßstab seines Handelns macht. Vielmehr wird ein An-sich-selbst-Arbeiten – „jener Urakt aller Kultur" – erwartet. Das „Ich" gebe es nur, wenn es das „Du" gibt; ohne den Mitmenschen gebe es keine Sprache, keine Kultur, keine Liebe. In diesem Bild eines Menschen, der zur Begegnung im Dialog offen, zur liebevollen Zuwendung bereit sei, liege die Stärke des Christentums. Eugen Biser sagt, das Christentum habe sich in aller Welt ausbreiten können, „weil es die Wärme der Barmherzigkeit in die Kältehölle der Antike hineingetragen

hat". Der Leser von heute denkt auch an die Kälte bestimmter Finanz-
märkte, die Anonymität einer fast menschenlosen, nur durch Computer
und Roboter produzierenden Fabrik, an die Ängstigung des Menschen
durch politische, kulturelle und wirtschaftliche Desinformation, an die
Ratlosigkeit gegenüber Krieg und Terrorismus.

Dieses Christentum verkörpert die Botschaft der Freiheit von den
Zwängen des Fatums, entlastet aus einer kosmischen Angst, fordert die
Freiheit von Versklavung durch Vergegenständlichung und durch Wissen-
schaft, erwartet eine Selbstbefreiung von den täglichen Einflüssen der
Gegenwart, insbesondere der Betörung und Bezauberung durch die Me-
dien. Eine tiefere, den Sinn des Lebens erschließende Befreiung bietet das
Christentum als die Religion, die den Tod überwindet, den Tod nicht nur
als Schrecknis, sondern auch in seiner Faszination versteht. Der an die
Auferstehung Glaubende habe den Tod bereits hinter sich, auch wenn die
Not des Sterbenmüssens ihm noch bevorstehe. Die ihn beglückende und
uns Glück verheißende Vorstellung dieses Christentums vermittelt uns
Eugen Biser, wenn er auf sein eigenes Sterben vorausschaut: „Ich lasse
mich von Gott überraschen."

Diese christliche Frage nach dem Menschen bietet eine moderne Le-
benssicht, die keine Antwort auf die Gegenwartsanfragen an Religion und
Kirchlichkeit scheut: Zwischen biblischem Schöpfungsglauben und Evolutionstheorie gebe es keine grundsätzlichen Gegensätze. Wenn die Neurowissenschaften das menschliche Bewußtsein allein körperlich-kausal
erklären wollten, so sei dies ein „kurzschlüssiger Weg", der Ursache und
Wirkung verwechsle. Die Naturwissenschaften könnten immer besser die
Voraussetzungen der Bewußtseinsbildung erklären, aber nicht das „Wunder des Bewußtseins", also die Tatsache, daß wir uns in Raum und Zeit
orientieren und Vergangenes als gegenwärtig erinnern können.

Die Deutung des Menschen als selbstbestimmtes und selbstverantwort-
liches „moralisches Subjekt" enthält die Forderung, die dem Menschen
eigene Freiheit in Freiheitsrechten zu stärken. Sie verbietet existentielle
Abhängigkeitsstrukturen, die – wie der Sozialismus – den Menschen jedes
Eigentums beraubt und ihn damit ökonomisch abhängig macht, oder
– wie eine Form des Kapitalismus – den Menschen lediglich als Arbeits-
kraft definiert, die für den Kapitalgeber einen Mehrwert zu produzieren
hat. Wenn der Dialog hier bewußtmacht, daß im griechischen Denken der
Mensch nur „Exemplar" ist, im christlichen Denken hingegen Person mit
Gewissen und Verantwortung, erhellen zwei in die Gegenwart wirkende
Denklinien gegenwärtige Wirtschaftssysteme und Herrschaftsansprüche.

Diese Religion des Dialogs, der verantwortlichen Selbstbestimmung, der Liebe, ist eine Friedensreligion, stützt sich dabei auf die gleichen Wurzeln wie das Judentum und der Islam. Auf dieser Grundlage könnten diese drei Weltreligionen miteinander durch eine ihnen eigene Mystik versöhnt werden, die den Menschen nach innen richte, bis zu einem gewissen Grad zu jenem letzten, göttlichen Grund vordringen lasse. Diese Perspektive begründet – soweit Krieg und Terrorismus auch einen religiösen Ausgangspunkt haben – Hoffnungen für einen Weltfrieden, aber auch für die gegenwärtig gerade in Europa existentielle Suche nach Spiritualität.

Gedanken über das Gebet, das dialogische Verhältnis des Einzelnen zu Gott, und insbesondere über das Vaterunser vertiefen das Anliegen dieses Buches: die Wende des Christentums zur Innerlichkeit, zur Aufgabe jedes Menschen, Gottes Unbegreiflichkeit zu begreifen, zum „Verstehensglauben", in dem sich Gott selbst zu verstehen gibt. In dieser Erfahrung verantwortet der einzelne Mensch den gemeinsamen Glauben selbst. Er begegnet anderen in den Bildern des eigenen Sehens, begreift seine Erfahrung im Maß des Gemeinsamen mit anderen, findet auf die Frage nach dem Sinn – nach Gott – in der Gemeinschaft Antworten, ist also auf Religion, auf Kirche angelegt. Dementsprechend gewinnt das Christentum seine innere Mitte, seinen Zusammenhalt und seine Zukunftskraft weniger aus Institutionen und Lehren und mehr in der Gemeinsamkeit aller Menschen, in ihrer Dialogfähigkeit, im Sprechen über Gott.

Der Dialog zwischen Eugen Biser und Richard Heinzmann spricht die Menschen an, wirkt ansprechend für alle, die in existentieller Neugierde nach Ursprung und Ziel ihres Lebens fragen, die Zeit für die Vielfalt religiösen Empfindens, Erfahrens und Erkennens mitbringen, die im Bewußtsein der Unerklärbarkeit Gottes und seines Entschlusses, diese Welt zu erschaffen, ein Selbstbewußtsein aus christlicher Widmung, Selbstbestimmung und Selbstverantwortlichkeit gewinnen.

Heidelberg, im Juli 2007 Paul Kirchhof

I. Eugen Biser und Richard Heinzmann im Gespräch: Mensch und Spiritualität

Teil 1: Die Frage nach dem Menschen

1. Theologie und Naturwissenschaft

H: Was ist der Mensch? Dieser Frage wollen wir in einer Reihe von dreizehn Gesprächen nachgehen. Auf den ersten Blick könnte man denken, daß sich, was der Mensch ist, leicht bestimmen läßt, weil jeder von sich selbst eine Vorstellung hat. Bei genauerem Zusehen ist aber festzustellen, daß die Frage nach dem Menschen zu den schwierigsten und tiefgründigsten Problemen zählt, vor die sich der Mensch gestellt sieht. Viele Wissenschaften befassen sich mit dem Menschen – vor allem natürlich die Humanwissenschaften –, aber jede von ihnen fragt nur unter einem ganz bestimmten Gesichtspunkt und kann die Frage, was der Mensch als Mensch sei, nie umfassend beantworten. Diese Fragestellung ist der Philosophie und Theologie vorbehalten.

Unsere Absicht besteht darin, eine christliche Anthropologie zu entwerfen, und das heißt, die Frage nach dem Menschen im Horizont christlicher Theologie zu beantworten. Dabei wollen wir den neuen Ansatz, den Sie, Herr Kollege Biser, für die Theologie erarbeitet haben, in unsere Überlegungen einbeziehen und auf diesem Weg zu einer neuen Anthropologie kommen. Bevor wir das versuchen, müssen wir allerdings festhalten, daß, wenn es um den Menschen geht, vor jedem hermeneutischen Ansatz das theologische Grunddatum stehen muß, daß Gott den Menschen und die Welt geschaffen hat und sie zur Vollendung führen wird. Das besagt jedoch nicht, daß wir die Humanwissenschaften ausklammern könnten, vielmehr müssen wir als Theologen mit ihnen im Gespräch bleiben, denn wir alle leben in ein und derselben Wirklichkeit.

Es zeichnen sich also zu Beginn unseres Gesprächs zwei Fragen ab, nämlich erstens, wie sich Theologie und Naturwissenschaften grundsätzlich zueinander verhalten, und zweitens, wie die Evolutionslehre zum biblischen Schöpfungsbericht steht – und in der Weiterführung dieser Fragestellung, was die moderne Hirnforschung zur Freiheit des Menschen sagen kann. Wäre es so, wie von manchen angedeutet, daß die Hirnforschung in absehbarer Zeit nachweisen kann, daß wir im Grunde genommen keine freien Wesen sind, könnten wir das Gespräch hier abbrechen, denn ohne Freiheit wäre dem Christentum das Fundament entzogen.

B: Das ist ganz richtig. Aber ich glaube, diese Befürchtung brauchen wir nicht zu hegen, weil die Hirnforschung nur einen sehr speziellen Aspekt des Menschen zum Gegenstand hat. Deswegen muß zunächst die von Ihnen aufgeworfene Frage grundsätzlich wiederholt und neu gestellt werden: Warum befassen wir uns überhaupt mit dem Menschen?

Das ist eine Frage, die in der Geistesgeschichte schon immer artikuliert wurde. Zum Beispiel heißt es im Chorlied der ‚Antigone' von *Sophokles*: „Viel Ungeheures gibt es, aber nichts ist ungeheurer als der Mensch." Deswegen zunächst einmal: Warum ist dieses Problem so akut? Ich sehe da zwei Gründe: erstens, weil der Mensch heute wie noch nie zuvor auf den Prüfstand gestellt ist, und zweitens aus einem spezifisch religiösen Grund.

Zunächst zum Prüfstand, auf dem wir uns befinden: In unserer Zeit haben sich dem Menschen Dinge ermöglicht, von denen man früher nur träumen konnte, und die jetzt plötzlich in greifbare Nähe gerückt sind. Wir leben in einem Zeitalter der sich verwirklichenden Utopien, die insbesondere den Menschen betreffen. Deswegen die Frage: Wie ist er heute auf den Prüfstand gestellt? Zunächst sicher in der Form, daß dem Menschen, bildlich gesprochen, Flügel gewachsen sind, durch die er sich zu Dimensionen erheben kann, die ihm früher unerreichbar waren. Aber er steht auch vor Abgründen, in die er stürzen kann – in Tiefen, von denen man früher noch kaum etwas geahnt hat. Ich möchte beides kurz beleuchten:

Die Aktionsfähigkeit des Menschen hat sich gigantisch erweitert, man denke nur an die Landung von Menschen auf dem Mond. Wir partizipieren durch die modernen Kommunikationssysteme an Ereignissen, die sich in den entferntesten und entlegensten Teilen der Welt abspielen, und zwar in Sekundenschnelle. Der Mensch steht sogar im Begriff, Hand an sich selbst zu legen, sich selbst auf neuartige Weise hervorzubringen – der klonierte Mensch, von dem oft geredet wird, ist nicht nur ein Zukunftstraum, sondern steht kurz vor der Verwirklichung. Aber das andere stimmt eben auch – Abgründe tun sich auf, von denen man kaum etwas geahnt hat: Daß Menschen sich zur Zeit im Irak in lebendige Bomben verwandeln lassen und das möglicherweise als eine verdienstvolle Aktion ansehen, ist ein Absturz, der früher allenfalls in der Phantasie gestreift, aber nie in seiner vollen Tragweite erahnt worden ist. Deswegen stellt sich jetzt die Frage nach dem Menschen mit einer in dieser Form noch nie erlebten Radikalität.

Es gibt aber, wie ich angedeutet habe, auch noch einen religiösen Grund, den man an einem urchristlichen Dialog festmachen kann, der von einem Denker stammt, den man zu den Apologeten rechnen kann, *Theo-*

phil von Antiochien. Er diskutiert mit einem heidnischen Gesprächspartner namens Autolykos, der zu ihm sagt: „Zeige mir deinen Gott!" Da antwortet ihm der Christ mit vollem Bedacht: „Zeige mir deinen Menschen!" Bevor wir also auf die Frage nach Gott eingehen können, müssen wir vorab die Frage nach dem Menschen in aller Tiefgründigkeit und Radikalität stellen. Denn, um es nochmals zu wiederholen, in ihrer Triftigkeit ist diese Frage sicher noch nie so aktuell gewesen wie in diesem Zeitalter der sich realisierenden Utopien.

H: Jetzt wäre natürlich wiederum nach dem Verhältnis von Naturwissenschaft und Theologie zu fragen, denn beide sind bemüht, den Menschen von seinem Ursprung her zu verstehen. Ich sagte vorhin schon, daß wir, wenn wir eine christliche Anthropologie entwerfen wollen, auf die Basisdaten von Schöpfung und Vollendung des Menschen nicht verzichten können. Wie verhält sich dazu die biologische Herkunft des Menschen, an der ja nicht mehr gezweifelt werden kann?

B: An der nicht mehr gezweifelt werden kann! Die Kirche hat mittlerweile endgültig zugestanden, daß es zwischen dem biblischen Schöpfungsglauben und der Evolutionstheorie keine grundsätzlichen Gegensätze gibt. Beide sind eigene und unverwechselbare Perspektiven der Frage nach dem Menschen. In diesem Zusammenhang wird man mit Ihnen fragen müssen, was die Humanwissenschaften zur Klärung dieser Frage beitragen können, denn diese haben ja in unseren Tagen, besonders in Gestalt der Neurowissenschaften und der Kognitionswissenschaften einschließlich der Hirnforschung, einen enormen Fortschritt gemacht. Früher hat niemand auch nur geahnt, welche Rolle das Gehirn des Menschen in der Bewußtseinsbildung spielt – man hat etwa im Zwerchfell oder im Herzen den Sitz des Verstandes gesehen. Es gehört daher schon zu den wichtigsten Errungenschaften der modernen Physiologie und Medizin, daß überhaupt das Gehirn in seiner zentralen Funktion gesehen worden ist. Nun kommen aber die Neurowissenschaften mit der Auffassung, damit das ganze Bewußtsein des Menschen erklären zu können. Das ist sicher ein Irrweg oder, sagen wir es vorsichtiger und zurückhaltender, ein kurzschlüssiger Weg, weil de facto Ursache und Wirkung verwechselt werden. Denn so wichtig die Hirnprozesse sind, und so dankbar man den Human- und Neurowissenschaften für die in dieser Hinsicht geleistete Aufklärungsarbeit sein muß, so unerklärlich ist das, was dabei herauskommt. Was bei diesen Hirnreaktionen entsteht, das kann man nur mit einem Begriff von *Konrad Lorenz*, einem der bekanntesten Verhaltensforscher, zum Ausdruck bringen, nämlich mit dem Begriff der „Fulguration", mit dem *Lorenz* den „Vorgang des In-

Existenz-Tretens von etwas vorher nicht Dagewesenem" zu verdeutlichen sucht. So wichtig das ist, was an Denkprozessen und Erlebnisformen geklärt wurde: Das, was daraus resultiert, gehört zu einer höheren Qualitätsstufe. Deswegen bleiben die Humanwissenschaften eigentlich in einer Defensive stecken, denn sie versuchen, mit *Jürgen Habermas* gesprochen, hinter dem Rücken des Menschen das zu klären, was sich vor seinem Antlitz abspielt. Daher müssen die Humanwissenschaften wieder in die ihnen gemäße und von ihnen erreichbare Position zurückgestuft werden. Sie können das Wunder des menschlichen Bewußtseins nicht erklären. Sie können Voraussetzungen der Bewußtseinsbildung erklären, wofür wir ihnen durchaus dankbar sind, aber was sich aus diesem Fulgurationsprozeß ergibt, das Wunder des Bewußtseins, also die Tatsache, daß wir uns in Raum und Zeit orientieren und Vergangenes als gegenwärtig reminiszieren können, ja daß wir sogar den Versuch vorausschauender „Präkognition" riskieren können und daß wir vor allen Dingen ein Selbstbewußtsein und Selbstwertbewußtsein von uns Menschen als Zentrum personaler Entscheidungen und personaler Direktiven haben, das können sie ganz gewiß nicht klären. Deswegen muß die Frage von uns philosophisch vertieft gestellt werden.

H: Da diese in Aussicht gestellten, eventuell möglichen Erkenntnisse der Neurowissenschaften eine große Beunruhigung für die Menschen mit sich bringen und für die menschliche Gemeinschaft auch gefährlich werden könnten, ist hier vielleicht doch noch anzumerken, daß solch ein Erkenntnisgewinn von den Naturwissenschaften wohl grundsätzlich nicht geleistet werden kann, denn es ist letzten Endes immer der Mensch selbst, der die Programme entwirft und die Methoden festlegt, nach denen er physiologische Phänomene erforscht und erklärt. Es käme einer petitio principii gleich, wenn der Mensch zugleich einerseits der Erklärende und andererseits das zu Erklärende wäre. Auch ohne Kenntnisse auf dem Gebiet der Neurowissenschaften kann man feststellen, daß eine Lösung der in Frage stehenden Probleme von dieser Seite grundsätzlich nicht geleistet werden kann. Deshalb wenden wir uns an die Philosophie und die Theologie, um zu einer Aussage zu gelangen, die den Menschen umfassend bzw. in seiner ganzen Wirklichkeit erklärt.

B: Man könnte noch etwas anderes hinzufügen, nämlich daß die Natur des Menschen „intelligenter" ist, als er es in seiner Reflexion weiß. Dafür gibt es übrigens ein großartiges Modell bei *Heinrich von Kleist* in seiner Studie ‚Über das Marionettentheater', in der er zeigt, daß durch Reflexion nie ganz eingeholt werden kann, was bereits da ist. Das entspricht ja genau meiner vorhin entwickelten Vorstellung von der „Fulguration" und der Entstehung eines Bewußtseins, in das die Human- und Neurowissenschaften nur partiell hineinleuchten, ohne das Ganze erklären zu können. In diesem Zusammenhang möchte ich in dem Essay von *Kleist* auf die Szene mit dem Bären hinweisen, der die Stöße eines Fechters unbeirrbar durchschaut und sich auch von Finten nicht täuschen läßt und so der Reflexion weit überlegen ist. In der Natur des Menschen und in dem ihm von der Natur mitgegebenen Bewußtsein steckt mehr, als der Mensch durch Reflexion einholen kann. Das ist eine auf der einen Seite demütigende Erkenntnis, aber auf der andern Seite auch eine sehr weise Einsicht in eine Gegebenheit, die wir nicht hervorbringen, weil sie uns in einer letzten Hinsicht gegeben ist, und weil wir uns in dieser Gegebenheit immer schon vorfinden.

H: Im nächsten Gespräch müssen wir deshalb diese Problematik unter philosophischer Rücksicht erörtern, um zu sehen, was uns die Philosophie zum Thema „Mensch" zu sagen hat.

2. Der Mensch als Exemplar

H: Unsere bisherigen Überlegungen haben zu dem Ergebnis geführt, daß eine theologische Anthropologie in keinem Punkt mit den naturwissenschaftlichen Ergebnissen der Erforschung des menschlichen Werdens in Konflikt geraten kann, weil sie letztlich vereinbar sind. Was nun die Philosophie betrifft, verhält sich die Sache ganz anders. Wie schon gesagt, beansprucht jede Philosophie eine Gesamtdeutung der Wirklichkeit und damit auch eine Gesamtdeutung dessen, was der Mensch ist. Nun gibt es sehr viele Philosophien und viele Möglichkeiten, den Menschen zu verstehen. Für uns und in unserem Kontext ist die klassische Philosophie der griechischen Antike von besonderer Bedeutung, und zwar deshalb, weil sie gewissermaßen der Hintergrund ist, auf dem sich das Christentum nach und nach selbst artikuliert und auf den Begriff gebracht hat. Dieser Prozeß hat dazu geführt, daß sehr viel Griechisches und Unchristliches in die christliche Anthropologie eingeflossen ist und später, zum Teil bis heute, als spezifisch christlich ausgegeben wurde und wird, obwohl es das gar nicht ist. Deshalb gilt es hier zu differenzieren.

Zunächst muß man wiederum den ganzen Denkhorizont ins Auge fassen. Nach griechischem Verständnis ist die Welt ewig, die materielle Welt – trotz der ständigen Veränderungen – genauso wie die geistige, aber beide sind streng voneinander getrennt. Das heißt also, es handelt sich hier um einen ontologischen „Dualismus". Das Gleiche gilt für den Menschen. Auch er wird dualistisch verstanden, bestehend aus der höher gewerteten Geistseele einerseits und der gering geschätzten Leiblichkeit bzw. Materialität andererseits. Diese Zerrissenheit führt schließlich dazu, daß der Mensch wesenhaft verstanden wird als Seele, als Geistseele. Diese Geistseele wird im Tod wieder frei vom Kerker des Leibes, wie es bei *Plato* heißt, und kehrt zurück zum absoluten Geist, womit die Einzelexistenz des Menschen definitiv beendet ist.

Im griechischen Denken ist das Allgemeine immer eine höhere Wirklichkeit als das Besondere. Daraus folgt, was das Menschenbild der griechischen Philosophie betrifft, daß der Einzelne immer nur ein Exemplar der Art „Mensch" ist, mit anderen Worten: Die Art steht immer über dem Einzelnen. Deshalb entwickelt das griechische Denken auch keinen Personbegriff in einem qualifizierten Verständnis. Der Einzelne ist ein „Funktionär", er wird funktionalisiert und hat – was gerade heute wieder von besonderer Aktualität ist – sein Existenzrecht nur solange, als er für die Art, der er angehört, von Nutzen ist. Kann er zum Gemeinwohl seiner Art keinen Beitrag mehr leisten, dann hat er sein Existenzrecht verloren, das heißt, die ganze „Würde" des Einzelnen liegt in seiner Funktion. Demgegenüber entwirft das Christentum ein ganz anderes Menschenbild, worauf im Folgenden besonders geachtet werden muß.

B: In diesem Zusammenhang muß dann auch die Frage nach dem Menschen gesehen werden. Die von Ihnen gerade so intensiv angesprochene griechische Philosophie hat ja diese Frage als Was-Frage artikuliert. Wir fragen im Sinne dieser Philosophie: Was ist der Mensch? – eine Frage, die bis in die Gegenwart so gestellt wurde. Auch die anthropologischen Versuche moderner Theologen haben immer noch denselben Titel: ‚Was ist der Mensch?' Es ist die Frage nach dem ewig Gleichbleibenden beim Menschen, nach dem Wesen des Menschen, aber eben nicht die Frage, die dann das Christentum stellen wird, die Frage nach seiner Individualität und Personalität.

Ich möchte jedoch dieser Was-Frage auch ihr Recht einräumen und ihre Bedeutung herausstellen. Dazu verhilft einer der großen Denker der Moderne, dessen Jubiläum wir unlängst gefeiert haben, *Immanuel Kant*. Er hat in seinem berühmtesten Werk, seiner ‚Kritik der reinen Vernunft', die Fragemöglichkeiten nach dem Menschen auf drei Fragen reduziert – „Was kann ich wissen?", „Was soll ich tun?", „Was darf ich hoffen?". Es handelt sich um die Frage der Philosophie, die Frage der Ethik und die

Frage der Religion. Da *Kant* bekanntlich ein relativ amusischer Mensch war, könnte man deswegen auch noch die von ihm weniger berücksichtigten Bereiche, nämlich Kunst und Musik, Dichtung und Architektur, hinzufügen. Dann würde sich ergeben: In all diesen Bereichen, in Philosophie, in Ethik und Religion – nach dem kantischen Verständnis –, aber auch in Literatur, Malerei, Kunst und Musik geht es letztlich um die Frage: Was ist der Mensch? Das ließe sich aber auch umdrehen, so daß man sagen könnte, daß uns in jeder Kultur immer wieder diese Frage begegnet, und daß alle Kultur letztlich den Zweck verfolgt, diese Frage zu beantworten. Zudem hat *Kant* in seinem Spätwerk die drei von ihm gestellten Fragen noch einmal aufgeworfen und sie auf eine fundamentale, letzte Basisfrage zurückgenommen, und die lautet eben auch: „Was ist der Mensch?" Deswegen mein Versuch, dieser Frage Gerechtigkeit widerfahren zu lassen. Sie ist in der Tat, obwohl der Mensch nur als Exemplar erscheint, eine höchst eindringliche, invasive Frage, die in ihrer Bedeutung gesehen und gewürdigt werden muß.

H: Es geht hier nicht um Gerechtigkeit oder Nicht-Gerechtigkeit, um Angemessenheit oder Nicht-Angemessenheit in der Behandlung einer Frage, sondern um den Sachverhalt. Die griechische Philosophie beispielsweise ist nicht weitergekommen, sie konnte nicht weiter kommen als bis zur Einsicht, daß der Mensch nichts anderes ist als ein Tier, in dem es denkt, ein „animal rationale". Bei allem Bemühen um den Begriff der Freiheit, sei es im Bereich der Ethik oder auf anderem philosophischem Gebiet: Der Mensch ist nach griechischem Verständnis frei, weil er ein Geistwesen ist. Aber seine Freiheit ist nicht die Freiheit der Selbstbestimmung des Subjekts, sondern die Freiheit des Einzelnen gegenüber dem Staatswesen. Wenn der Mensch sich dem Staatswesen unterordnet, gleich ob es sich um eine Diktatur oder um eine Demokratie handelt, ist er frei. In dem Moment jedoch, in dem er sich gegen das Staatswesen entscheidet, wird er unfrei. Auch hier ist das Allgemeine das Entscheidende und Dominierende, das Einzelne jedoch bloß sekundär. Mit anderen Worten: Der Weg zur Subjektivität des einzelnen Menschen, der Weg dahin, daß der Mensch moralisches Subjekt wird – wie es von *Kant* hervorgehoben wird –, dieser Weg beginnt mit dem Christentum, kommt geistesgeschichtlich also erst viel später in den Blick der Philosophie.

B: Das ist sehr eindrucksvoll und sicher ein Weg, der für viele, die unseren Dialog mitverfolgen, relativ neu ist, denn sie kennen das Christentum natürlich nur aus der Perspektive der Religion. Daß das Christentum auch eine genuin anthropologische Perspektive hat und daß es sich darin fun-

damental vom griechischen Denken unterscheidet, das ist ja, wie Sie früher
einmal angedeutet haben, den allermeisten nicht vertraut. Deswegen sollte
man darauf einen ganz besonderen Akzent legen.

Doch das hängt natürlich mit dem Grundansatz des Christentums zusammen. Im Christentum geht es um das Heil des Einzelnen. Das ist sogar
später einmal überspitzt worden, und zwar von dem großen dänischen
Denker *Sören Kierkegaard*, der die Kategorie des Einzelnen als die Funda-
mentalkategorie des ganzen Christentums herauszustellen suchte. Das
mag gewiß eine Übersteigerung gewesen sein, aber in ihr kommt tatsächlich das spezifisch Christliche zum Tragen. Hier geht es um die Existenz,
um den Sinn oder, wie wir später noch zeigen werden, um die Personalität
des Menschen – also nicht mehr um seine Einbindung in das größere
Ganze, in dem der Mensch, wie Sie zu sagen pflegen, nur ein Exemplar des
Allgemeinen ist. Er ist eben mehr als ein Exemplar, er ist ein Sonderfall
und etwas Einzigartiges, etwas im Ganzen der Schöpfung Unwiederhol-
bares.

Es gehört zu den ganz großen Kulturleistungen des Christentums, daß
es den Menschen in dieser seiner Besonderung, in seiner Unverwechsel-
barkeit und Unvertretbarkeit herausgestellt und ins Bewußtsein der Welt
getragen hat.

H: Wenn wir hier von der griechischen Philosophie sprechen, dann ist
das nicht nur von historischem Interesse, sondern nach meiner Überzeugung von unmittelbarer Aktualität. Wie wir feststellen können, ist das Verständnis des Menschen, wie es sich innerhalb des Christentums im Laufe
der Geschichte entfaltet hat, heute mehr oder weniger in Frage gestellt, so
daß wir auf die Stufe griechischer Philosophie zurückfallen. In unserer Gesellschaft ist der Mensch nur noch soviel wert, wie er leistet, und die personale Würde und Unantastbarkeit der Person, die noch im Grundgesetz
verankert sind, lassen sich argumentativ nicht mehr halten, wenn wir nicht
auf deren Ursprünge und Verwurzelung im Christentum zurückverweisen.
Diesen Zusammenhang ins Bewußtsein zu heben, geschieht nicht nur aus
historischem Interesse, sondern aus aktuellem Anlaß. Sollten wir das Verständnis des Menschen als Person und die daraus resultierenden Werte
nicht retten können, dann sieht unsere Welt in Kürze noch schlimmer aus,
als das heute schon der Fall ist.

B: Ich habe bereits angedeutet, wie schlimm die Welt schon aussieht,
besonders im Hinblick auf die Selbstmordattentate und all das Grauenhaf-
te, das sich seit dem Irakkrieg inzwischen ereignet hat und immer neu ereignet. Aber selbstverständlich haben Sie vollkommen recht: Es könnte

noch viel schlimmer kommen, weil wir im Augenblick Gefahr laufen, die christlichen Prämissen unseres Zusammenlebens zu verlieren. Dazu gehört schon die Tatsache, daß wir kein Bewußtsein mehr von der Einzigartigkeit unserer Geschichte haben, weil uns *Nietzsche* eingeredet hat, es gebe nur noch die „ewige Wiederkunft des Gleichen", wie sie in der Antike gedacht worden ist. Dazu gehört jedenfalls auch der Marxismus, denn ich sehe im Marxismus nichts anderes als eine gesellschaftlich orientierte Wiederholung Ihrer Ausführungen vom Menschen als Exemplar, das nur noch innerhalb der Gesellschaft Bedeutung besitzt, und dessen ganze Wertigkeit sich allein von dem her definiert, was es zustande bringt – das geht, wie sich zeigen wird, hinein bis in die Einschätzung der Religion und der Kirchen in unserer Zeit. Man hört immer wieder – in Form eines kleinen, sogar wohlwollend gemeinten Zugeständnisses –, daß man auf die Kirchen nicht verzichten könne, und dies mit der Begründung, daß sie noch Kindergärten unterhalten, daß sie Krankenhäuser betreuen und daß sie Sozialleistungen erbringen, die ohne die Kirchen in dieser Form augenblicklich noch nicht vom Staat getätigt werden könnten. Das ist leider eine reine Funktionalbestimmung des Christentums, in welcher jedoch sein Proprium verlorengeht. Deswegen müssen wir heraus aus dieser Fehleinschätzung und zurück zur genuinen Bedeutung dessen, was das Christentum gebracht hat. Wie wir in unserem Gespräch gezeigt haben, steht im Kern dessen die Neuentdeckung des Menschen, der mehr ist als ein bloßes Exemplar, mehr als eine gesellschaftliche Funktion, mehr als nur eine Dienstleistung an der Gesellschaft und an der Welt, nämlich ein unverwechselbares, unvertretbares, einzigartiges Ereignis in dieser Welt des Allgemeinen. In diesem Sinne muß der Mensch tatsächlich neu entdeckt werden.

H: Vielleicht ist es auch aufschlußreich, zur Kenntnis zu nehmen, daß von einer Anthropologie erst gegen Ende des 19. oder zu Beginn des 20. Jahrhunderts gesprochen wird. Bis dahin sprach man von der metaphysischen Psychologie, die den Menschen wiederum auf seine Geistseele reduzierte. Daraus resultierte schließlich die allgemein bekannte Annahme, daß sich das Christentum, das diese Impulse zum Teil aufgenommen hat, im Grunde genommen gar nicht um diese Welt zu kümmern hätte, sondern sich auf das Jenseits konzentrieren müßte. Das ist einer der Gründe, weshalb man meinte, das Christentum sei in dieser Hinsicht grundsätzlich entbehrlich. Das Spezifische des christlichen Menschenbildes, über das wir zu sprechen haben werden, zeichnet sich jedoch gerade dadurch aus, daß der Ort des Menschen nicht das Jenseits, sondern die diesseitige

Welt ist, und daß der Mensch selbst sich nur in dieser Welt als Christ realisieren kann.

B: Das Christentum will seine Sache in dieser Welt ausrichten. Es wäre
daher ein grundlegendes Mißverständnis zu meinen, daß man diese Welt
sich selbst überlassen könne und alles Heil, alles Glück und alle Seligkeit
vom Jenseits zu erwarten habe. Jesus hat nicht beabsichtigt, die Menschen
in den Himmel zu entrücken; vielmehr wollte er durch seine Reich-Gottes-Idee den Himmel auf die Erde herabholen. Deswegen griff er in die gesellschaftlichen Verhältnisse seiner eigenen Welt ein. Er hat dies in seiner
Zeit getan, und seine Botschaft will es auch in unserer Zeit aufs neue tun.
Deshalb müssen wir die anthropologischen Bedingungen dafür erkunden,
und das tun wir in diesem Gespräch.

3. Der Mensch als Person

H: Die griechische Philosophie versteht den Menschen von der Welt
her. Der Mensch ist ein herausgehobenes Stück „Welt". Diese Perspektive
ändert sich radikal, wenn man in den Raum des Christentums eintritt.
Hier wird der Mensch von Gott her verstanden, und diese Grundrelation,
die im Alten Testament von Anfang an bezeugt ist, prägt und bestimmt das
christliche Menschenbild. Es kommt hinzu, daß Gott Gott bleibt und der
Schöpfer der Schöpfung ist, und daß außer Gott nichts ewig ist. Das heißt,
der ganze Mensch mit Leib und Seele – das Christentum kennt diese Trennung so nicht –, dieser ganze Mensch ist nach alt- und neutestamentlichem Zeugnis eine letzte innere Einheit aus Geist und Materie. Der ganze
Mensch also steht in dieser Beziehung zu Gott, und von dieser Relation
her wird das Verständnis des Menschen geprägt und bestimmt. Es kommt
ferner hinzu, daß die Zielrichtung des Christentums der Einzelne ist. Es
geht um die Vollendung des je Einzelnen. Aus dieser Betonung des Einzelnen heraus hat sich in der späteren Reflexion, vor allem im Mittelalter bei
Thomas von Aquin, der Begriff der „Person" herausgebildet. Der Mensch
ist Person, das heißt, er ist eine singuläre Existenz, er ist nicht mehr Exemplar der Art „Mensch", sondern jeder Einzelne ist eine letzte, unauswechselbare Einheit und Wirklichkeit. Von daher wird alles, was den Menschen
betrifft und die Welt angeht, neu gedacht.

B: Das ist ganz gewiß der christliche Ansatz. Deswegen stellen sich zwei
Fragen: Wie ist es überhaupt zum Personbegriff gekommen? Wie spiegelt
sich das in der Tätigkeit Jesu? Ich möchte bei der zweiten Frage einsetzen.

Wir machen ja die merkwürdige Beobachtung, daß Jesus zwar auch zu großen Volksscharen geredet hat, in der Bergpredigt beispielsweise, daß er sich aber, wenn es um das Heil der Menschen ging und um seine Beziehung zu ihnen, jedem Menschen auf eine spezifisch eigene Weise zuwendete. Es gibt die aufschlußreiche Szene in der Berufungsgeschichte des Johannesevangeliums (Joh 1,35–51), in der zwei Johannesjünger zu Jesus kommen, ihn kennenlernen möchten, und er dann zu ihnen sagt: Kommt und seht! Und er lädt sie ein, mit ihm einen Nachmittag zu verbringen. Darauf trifft er den Petrus, den er mit einer neuen Namensgebung begrüßt: Du sollst Kephas heißen, Felsenmann! Worauf Petrus sich ihm anschließt. Danach begegnet er dem etwas unschlüssigen Philippus, bei dem ein einziger Befehl genügt: Folge mir! Etwas größere Schwierigkeiten bereitet ihm Nathanael, bei ihm muß er sogar von seiner umfassenden Wissensfülle Gebrauch machen, um ihn für sich zu gewinnen. Aber auch dieser schließt sich ihm vorbehaltlos an.

Das alles hat natürlich sein Vorspiel im Alten Testament, worauf Sie ja mit Recht hingewiesen haben. Dort ist es vor allen Dingen ein Prophet, der Jesus am nächsten steht, der Prophet Jeremia. Von ihm haben wir die erschütternden ‚Konfessionen‘, wie man einen Teil seiner Schriften bezeichnet, in denen er an einer Stelle sagt: „Du hast mich verführt, Jahwe, und ich habe mich verführen lassen. Doch wenn ich mir vorgenommen habe, nicht mehr in seinem Namen zu reden, da war es in meinem Gebein wie mit einem glühenden Feuer: Ich wollte es niederhalten und vermochte es nicht" (Jer 20,7–9). Das ist die Personalbeziehung, von der wir gerade eben gesprochen haben!

Jetzt aber die zweite Frage: Wie kam es überhaupt zum Begriff „Person"? In diesem Zusammenhang ist etwas ganz Erstaunliches festzustellen: Der Personbegriff lag nicht einfach auf der Hand, man hat vielmehr den Begriff „persona" benutzt, um das Einzigartige im Menschen zu bezeichnen, und hat das zunächst auch nicht in anthropologischer, sondern in theologischer Absicht getan. Im Christentum gibt es ja ein letztes göttliches Geheimnis, das Trinitätsgeheimnis, mit dem sich die Frage stellte, wie Gott in einer Beziehung von Dreien so gedacht werden kann, daß die Einheit nicht verletzt wird. Deswegen der Versuch, diese Beziehung auf eine neuartige Weise zu bezeichnen. Deswegen dann der entscheidende Schritt, dafür den Personbegriff einzusetzen. So kam es zur Vorstellung und Lehre von der Einheit Gottes in drei Personen. Aber dann muß es, vermutlich im Zusammenhang mit dem, was Sie vorhin von *Thomas von Aquin* gesagt haben, dazu gekommen sein, daß man plötzlich erkannte: Das trifft doch auch auf den Menschen zu, das ist doch die Kategorie, mit deren Hilfe das Besondere, Einmalige, Unverwechselbare, Unvertretbare im Menschen bezeichnet werden kann! Und so kam als Ergebnis heraus: Der Mensch ist Person.

H: Im Kontext dieser Überlegungen muß man natürlich auch beachten, was der Personbegriff im Bereich der praktischen Philosophie bedeutet. Hier wird der Mensch zum moralischen Subjekt. Sie haben vorhin anhand der alttestamentlichen Beispiele gezeigt, wie der Mensch gewissermaßen als Dialogpartner Gott gegenübertritt. Genau diese Eigenständigkeit wird jetzt noch deutlicher hervorgehoben und aufgezeigt, vor allem von *Thomas von Aquin* in seiner Lehre vom Gewissen. Der Mensch ist nicht mehr – wie im griechischen Denken – einer höheren Autorität für immer verpflichtet, sondern er ist jetzt allein an sein Gewissen gebunden. Dadurch wird der Mensch zum moralischen Subjekt. Das geht soweit, daß im äußersten Fall auch das subjektiv irrende Gewissen für den Menschen verpflichtenden Charakter haben kann. Hier ist der Grundstein gelegt für eine philosophische Anthropologie, die sich später auch in einem vom Christentum unabhängigen Raum weiterentwickelt hat und bestimmend geworden ist für die geistesgeschichtliche Entwicklung des Abendlandes.

B: Das kann man zurückprojizieren auf die naturale Herkunft des Menschen. Der Mensch entwickelt sich ja von der Evolution her gesehen dadurch, daß er allmählich sein Instinktverhalten durch ein Selbstverhalten überwindet; denn ursprünglich gilt auch für den Menschen wie für Pflanze und Tier, daß ihm seine Verhaltensweisen durch seine Instinkte vorgegeben und vorgezeichnet sind. Dann aber kommt es zu den entscheidenden Durchbrüchen in der Evolution des Menschen, die dazu führen, daß diese Instinktregulation zurücktritt, und der Mensch verantwortlich wird für das, was er tut und wofür er sich entscheidet. Daraus erwächst das sittliche Bewußtsein, die Selbstverantwortlichkeit – und in Zusammenhang damit die Erkenntnis, daß der Mensch in dieser seiner Selbstverantwortlichkeit versagen und schuldhaft werden kann, aber auch das Bewußtsein, daß er sich in einer Weise zu kultivieren vermag, wie man es mit dem Begriff der Tugend zu bezeichnen pflegt, also mit den unterschiedlichen Erscheinungsformen des sittlichen Bewußtseins.

H: Hier zeichnet sich eine rückläufige Entwicklung ab. *Konrad Lorenz* sprach von dem „sogenannten Bösen". Damit versuchte er, aus der Regelung des Tierreichs die Regeln des Menschen abzuleiten, das heißt also, Verantwortung und Schuldfähigkeit abzulehnen. Das Böse im strengen

Sinn als moralische Qualifikation gibt es nicht, sondern nur das Negative, insofern bestimmte Prozesse so oder anders ablaufen. Auf diese Weise meinte man, die anstehenden Probleme lösen zu können. Immer wieder taucht also am Horizont die Gefahr auf, daß der Mensch seiner Personalität und seiner sittlichen Verantwortung beraubt bzw. enthoben und auf diese Weise dem Tier gleichgestellt wird. Damit würde unsere abendländische Tradition und Kultur mit dem Menschsein selbst endgültig liquidiert.

B: Das ist gar keine Frage. Wir erleben einen gewaltigen geistigen Rückfall in vorchristliche, antike und heidnische Vorstellungen. In diesem Zusammenhang ist sogar der Geschichtsbegriff umgepolt worden, und zwar von *Friedrich Nietzsche*, der die moderne Geschichte, diese progressive, auf ein Ziel hin laufende Geschichte zurückgebeugt hat auf das antike Geschichtsmodell von der „ewigen Wiederkunft des Gleichen"; doch das stellt wiederum nur eine Teilperspektive dar von dem, was Sie gerade bei *Konrad Lorenz* festgemacht haben, wonach auch der Mensch auf sein Instinktverhalten zurückgeführt und daraus erklärt wird.

In diesem Zusammenhang wird man auch noch einmal den Marxismus ansprechen müssen, der den Menschen seiner Personalität beraubt, ihn nur noch als eine Funktion der Gesellschaft gelten läßt, so daß sich sein ganzer Wert allein aus dem definiert, was er für die Gesellschaft leistet und einbringt. Falls er versagt, hat er eigentlich keine Existenzberechtigung mehr, und es scheint das Beste für ihn zu sein, wenn er von der Gesellschaft liquidiert würde, wie das in manchen Diktaturen bzw. Terrorregimen auch tatsächlich praktiziert worden ist und wird.

H: Ein Weiteres ist hier zu bedenken. Das von Ihnen angesprochene Geschichtsmodell von der „ewigen Wiederkunft des Gleichen" konkretisiert sich mit Modifikationen in der sogenannten Reinkarnationslehre. Es handelt sich dabei um die von einer dualistischen Anthropologie begünstigte und ermöglichte Vorstellung, daß die Seelen der Verstorbenen in einem anderen Körper, eventuell auch eines Tieres, wieder in diese Welt zurückkehren. So ungefähr haben die griechische Mythologie und Philosophie die Unsterblichkeit der Seele gedacht. Solche Vorstellungen sind heute wieder weit verbreitet. Nicht wenige meinen gar, die Reinkarnationslehre sei mit dem christlichen Verständnis des Menschen vereinbar, was ich für ausgeschlossen halte. Denn dadurch würde nicht nur der für das Christentum unverzichtbare Gedanke des Ursprungs und der Zielsetzung des Menschen in Frage gestellt, auch die Vorstellung, der Mensch könne sich selbst zu einer letzten Vollendung führen, wäre damit unweigerlich verbunden. Endliches kann sich jedoch grundsätzlich nie selbst in Unendlichkeit und Vollendung überführen.

B: Ich bin Ihnen sehr dankbar dafür, daß Sie dieses Problem ausdrücklich angesprochen haben, denn in der Tat gibt es auch eine Reihe von
Christen, die die irrige Meinung vertreten, man könne Christentum und
Reinkarnationslehre in irgendeiner Weise amalgamieren. Das ist auf gar
keinen Fall möglich, denn die Reinkarnationslehre betrachtet den Menschen nur als einen Sonderfall in einem großen Spiel, als einen Rollenträger, der seine Rolle mehr oder weniger gut spielt. Dafür bekommt er die
Chance, in einer nächsten Reinkarnation diese Rolle etwas besser zu
spielen.

Es wird dabei jedoch zum ersten übersehen, daß die Reinkarnationslehre aus dem asiatischen Denkraum kommt und dort eine ganz andere
Bedeutung besitzt: nicht eine evolutionäre, derzufolge es immer besser
wird; vielmehr handelt es sich um die Abbüßung von Fehlleistungen, der
man in der Reinkarnation unterworfen wird, so daß man am Schluß noch
dankbar sein kann, wenn man sich beispielsweise im Status einer Katze
und nicht einer Ameise wiederfindet. Somit hat die ursprüngliche asiatische Reinkarnationslehre mit ihrer modernen Umdeutung kaum etwas zu
tun.

Aber das Entscheidende liegt natürlich in dem, was Sie angesprochen
haben, denn die Entscheidung über den Wert eines einzelnen Menschseins
fällt hier und heute und nicht in irgendeiner zukünftigen Reinkarnation.
Die Reinkarnation ist eine Entwertung des Menschen als Person, stuft ihn
herab zu einem bloßen Rollenträger und nimmt ihm damit seine Verantwortlichkeit, ja, wenn ich es noch radikaler sagen darf: seine Würde! Denn
ein Wesen, das immer wiederkehrt, ist eine Marionette in einem großen
Theaterspiel, aber nicht das, was der Mensch in christlicher Sicht ist; denn
da ist er der Partner Gottes, wie Sie es vorher zum Ausdruck gebracht
haben, der von Gott seine ganze Wertigkeit empfängt, aber Gott gegenüber
auch in jener einzigartigen Verantwortlichkeit steht, die ihn auszeichnet
und die seinem Leben Sinn und Bedeutung verleiht.

H: Damit kommt eine Dimension in den Blick, von der wir bisher noch
nicht gesprochen haben, nämlich der Mensch als ein radikal geschichtliches Wesen.

4. Der Mensch als Frage

H: Herr Kollege Biser, unter Ihren vielen Publikationen zum Thema
„Mensch" gibt es einen Titel, der dem Begriff nach von Ihnen stammt und
nicht auf den ersten Blick verstehbar ist, nämlich die „Modalanthropologie". Vielleicht können Sie uns durch die Erklärung dieses Begriffs in eine
weitere Dimension Ihres Menschenbildes einführen.

B: Das ist in der Tat der Schlüsselbegriff meiner Anthropologie, und
das ist auch jene Anthropologie, die ich als die Alternative zu der klassischen, auf die Was-Frage des Menschen gegründeten ansehe. Was ist damit
gemeint? Nun, jedermann weiß um modale Hilfszeitwörter – können,
dürfen, sollen –, und genau das ist gemeint mit dem, was diese Modalanthropologie vom Menschen zu sagen versucht, nämlich, daß er etwas
kann, soll und darf – was er ja nur kann, wenn sich sein Dasein in einem
Möglichkeitsspielraum bewegt. Das heißt, der Mensch ist im Unterschied
zu Pflanze und Tier nicht festgelegt, er ist, wie Sie es auszudrücken pflegen,
kein Exemplar einer Art, sondern er ist eine selbstverantwortliche dynami-
sche Größe, deren Schicksal in seiner Hand liegt. Er hat es letztlich zu ver-
antworten, was aus ihm wird, denn er hat die einzigartige Möglichkeit,
mehr zu sein als das, was er ist, aber er steht auch in der Gefahr, weniger zu
sein als das, was er ist und was er sein soll. Sein Leben ereignet sich also,
wenn ich es noch einmal in diesem Bild fassen darf, in einem Möglichkeitsspielraum.

Das hat ein Renaissancephilosoph zum Ausdruck gebracht, und zwar im
Zusammenhang mit einer Bibelstelle, die jedermann kennt. Ihrzufolge hat
sich der Mensch unter den Bäumen des Paradieses versteckt, weil er schuldig geworden ist, da er das göttliche Gebot verletzt hatte. Gott stellt ihn
deshalb mit der Frage (Gen 3,9): „Wo bist du?" Genau das ist die Kardinal-
frage meiner Modalanthropologie, und der von mir angesprochene Renaissancephilosoph, *Pico della Mirandola* nämlich, hat 1489 in der Schrift
‚De dignitate hominis' – ‚Von der Würde des Menschen' – exakt diese Bibelstelle zum Ausgangspunkt seiner Überlegungen genommen. Er hat sie
szenisch entfaltet. Gott spricht dabei zum Menschen, der sündig geworden
ist: „Ich habe dir keinen bestimmten Wohnort zugewiesen. Du kannst
dir den Wohnort, wo du leben willst, selbst zuweisen und wählen. Ich habe
dir auch keine bestimmte Gestalt auferlegt" – das ist jetzt das Entscheidende –, „du kannst mit meiner Hilfe zur Höhe des Göttlichen emporsteigen,
du kannst dich aber auch in die Niederungen des Tierischen fallen-

lassen." Damit ist der Möglichkeitsspielraum bezeichnet, der nach dem Gesagten zwei Zielrichtungen hat:

Die eine ist die Sternenbahn, die ihn empor- und hinausführt über sich selbst in seinen faktischen Gegebenheiten. In diesem Zusammenhang sollte man berücksichtigen, daß die Anthropologie, die ich entworfen habe, besonders darauf abhebt, daß der Mensch in sich selber Möglichkeiten trägt, die er noch nicht freisetzte, die erst noch aufgerufen werden müssen, und daß es bei ihm etwas gibt, was ich als die Vervollständigung seiner Person zur Persönlichkeit benennen möchte. Es gibt natürlich jene großartigen Kulturleistungen, von denen gerade auch die klassische Anthropologie ausgeht, also die menschliche Selbstdarstellung in Wissenschaft, Kunst, Philosophie, Ethik, Literatur, Architektur und Musik; aber es gibt zuvor diese andere Aufgabe, die mir die basale zu sein scheint, weil sie allererst den Grund dafür legt, daß es überhaupt Kulturleistungen gibt: die Perfektionierung der menschlichen Personalität zur Persönlichkeit. Das ist die Persönlichkeitskultur, die sich im Grund aller Kulturleistung verbirgt. Und das führt dann zu der weiteren Erkenntnis, daß sich die wirkliche Biographie großer Künstler nicht so sehr an ihren oft elenden Lebensverhältnissen ablesen läßt, als vielmehr an dem, was ihre Werke von ihnen aussagen. Der große Künstler spricht sich in seinen Werken vollgültiger als in jeder Äußerung aus.

Aber es gibt auch die Gegenlinie hierzu, die nach unten in die Niederungen des Tierischen führt, in Niederungen, von denen man früher noch keine Ahnung haben konnte, daß sich Menschen beispielsweise zu lebendigen Bomben pervertieren lassen. Hier stehen sogar Möglichkeiten im Raum, die völlig neu reflektiert werden sollten.

H: Dazu möchte ich nur noch kurz anmerken: Wir müssen uns natürlich darüber im klaren sein, daß der Mensch, was immer er tut, nie unter das Niveau des Personseins absinken kann, denn die Gefahr ist sehr groß, daß man jemandem das Menschsein abspricht mit dem Hinweis, daß er sich „nicht wie ein Mensch verhält", und daraus folgert, daß man ihn auch nicht als Menschen achten und behandeln müsse.

Aber Sie brachten mich vorhin noch auf eine andere Frage, als Sie so ganz selbstverständlich sagten: „...nachdem der Mensch sündig geworden war ..." Deshalb, meine ich, sollten wir jetzt noch einmal auf das Phänomen der Evolution zu sprechen kommen. Nach dem biblischen Bericht (Gen 3) könnten wir erklären, wie Sie gesagt haben, daß der Mensch irgendwann aus dem Paradies vertrieben wurde, weil er sündig geworden war. Wenn wir aber vorher davon ausgegangen sind, daß wir als Theologen die naturwissenschaftlichen Einsichten respektieren müssen, dann können wir nach dem biblischen Modell der Erklärung von Schuld, von primärer Schuld, vielleicht sogar Erbsünde – wenn ich diesen völlig verfehlten Ausdruck benutzen darf –, nicht mehr mit diesen Begriffen argumentieren. Wo sehen Sie im Prozeß der Evolution jenes Phänomen auftauchen, das man „Schuldigwerden" nennen kann?

B: Ich habe es ja vorhin schon mit der Bemerkung, daß der Mensch langsam seinem Instinktverhalten entwächst und selbstverantwortlich wird, andeuten wollen. Aber „selbstverantwortlich" bedeutet doch auch einzusehen, daß der Mensch Fehlleistungen erbringen kann, worin der eigentliche Anfang der Schuldkultur, um es mit dem Begriff eines modernen Anthropologen auszudrücken, liegt. Schuld gründet also in Selbstverantwortlichkeit. Mit Erbsünde hat das, um damit auf Ihre Frage einzugehen, überhaupt nichts zu tun; vielmehr steht für mich, wie gewiß auch für Sie, fest, daß die Erbsünde eine Fehlinterpretation des späten *Augustinus* gewesen ist. Er hat eine biblische Vorstellung in einer Weise auf die Fortpflanzung des Menschen übertragen, die dieser biblischen Vorstellung im Grunde gar nicht entsprach. So stellt sich denn die Frage, ob die Schuldhaftigkeit des Menschen nicht an einer ganz anderen Stelle festgemacht werden sollte als an seiner Herkunft aus der Zeugung durch seine Eltern.

Darauf gibt der eine Antwort, der wie kein anderer diese Anthropologie im Prinzip schon vertreten hat – der Apostel Paulus. Er hat im 15. Kapitel seines Ersten Korintherbriefs eine Deutung gegeben, die nach meinem Verständnis noch viel zu wenig eingeholt worden ist. Diese Deutung geht davon aus, daß es eine Tatsache im Menschenleben gibt, auf die wir uns sicher im Verlauf unseres Gespräches noch deutlicher werden besinnen müssen, die für den Betroffenen absolut unannehmbar ist und die ihn böse macht, die Tatsache nämlich, daß er sterben muß. Der Tod treibt uns – wie der Hirt seine Herde mit dem Treiberstab – in die Sünde hinein (1Kor 15,56). Das ist in kurzen Worten die Lehre und Ansicht des Apostels Paulus, die um so erstaunlicher wirkt, als er im Römerbrief, gleichsam im Sinn einer biblischen Reminiszenz, die bekannte Lehre von der Erbsünde entwickelt hat (Röm 5,12–21), die allerdings bei ihm lange nicht die Bedeutung hat wie die eben gegebene Erklärung aus dem Ersten Korintherbrief.

H: Damit taucht am Horizont bereits ein weiteres Problem auf, von dem wir im Laufe unserer Gespräche noch eigens zu sprechen haben werden, die Theodizee-Problematik. Wenn der Mensch auf dem Weg der Evo-

lution automatisch in die Ausweglosigkeit gerät, „sündigen zu können",
und wenn das nun die Situiertheit der gesamten Menschheit kennzeichnet,
weil jede in Freiheit getroffene Entscheidung eines Einzelnen immer auch
das Ganze, also alle anderen betrifft, dann müssen wir uns unter dieser
Rücksicht fragen, wie es sich mit Gott verhält. Wie und warum hat Gott
uns Menschen überhaupt diese Freiheit gewährt bzw. zugemutet?

B: Das ist zweifellos eine der Fragen, die den heutigen Menschen in
ganz besonderer Weise strapaziert. Ich habe den Eindruck, daß es nach
der Katastrophe des Erdbebens von Lissabon im Jahre 1755, als sich diese
Theodizee-Frage erstmals mit voller Wucht stellte, erst in unserer Zeit wieder – wie damals – zu einer derartigen Virulenz dieser Frage gekommen
ist. Deswegen müssen wir in unseren Überlegungen eine Antwort darauf
anstreben, auch wenn sie uns schwerfällt, denn selbstverständlich können
wir das fundamentale Problem nicht klären, die Frage nämlich, warum
Gott überhaupt eine Welt geschaffen hat. Wir können nur Aussagen machen über die Welt, die er geschaffen hat, oder darüber, wie wir uns in dieser Welt orientieren können; aber daß Gott sich entschließt – und das ist ja
ein christlicher Grundsatz –, eine Welt zu erschaffen, das bleibt im letzten
Grunde sein eigenes Geheimnis. Wir müßten einen unendlichen Intellekt
besitzen, um in dieser Frage mit ihm gleichziehen zu können. Wir können
allerdings fragen, wie diese Welt geartet sein mußte, nachdem er sich zu
einer Erschaffung der Welt entschlossen hatte. Da wird die Antwort lauten:
Es konnte nur eine relative Welt sein, eine – wissenschaftlich ausgedrückt –
kontingente Welt oder, mit Paulus gesprochen, eine der Nichtigkeit unterworfene Welt. Eine vollkommene Welt wäre ein zweiter Gott geworden.
Das hätte zur Selbstaufhebung des Göttlichen geführt, und das ist absurd,
undenkbar, unmöglich. Eine Welt, die geschaffen werden konnte, konnte
nur eine kontingente, eine der Nichtigkeit unterworfene, eine endliche
sein. Und in dieser endlichen Welt waren die Lebewesen so aufeinander
bezogen, daß sie voneinander leben mußten. Das nahm dann aber auch
die bittere Form an, daß sie sich gegenseitig aufgefressen haben, wie es
denn tatsächlich in der Natur allenthalben geschieht. In dieser kontingen-
ten Welt gab es schließlich auch für den Menschen Krankheit, Leid und
Tod, und es gab vor allen Dingen auch das von Ihnen angesprochene Versagen des Menschen, mit dem es soweit gekommen ist, daß er sich und sei-
nesgleichen selbst Leid zufügte. Denn eines muß man sich im Blick auf die
Theodizee-Frage immer wieder sagen: So furchtbar es ist, wenn Erdbeben
und Überschwemmungskatastrophen Hunderte und Aberhunderte von
Menschen in den Tod reißen, viel schlimmer ist doch das, was die Men-

schen sich selber antun. Das ist das Entsetzlichste in dieser Welt, daß Kriege geführt werden, und wir sogar das traurige Beispiel eines neuen Krieges
erleben müssen, dessen Ende nicht absehbar ist – das ist die eigentliche
Schuld des Menschen. Er ist schuld an seinem eigenen Unglück.

H: In diesem Zusammenhang muß gezeigt werden, daß das Leid in der
Welt kein zwingender Beweis für die Nichtexistenz Gottes sein kann. Das
bedeutet, daß das Leid auf der einen Seite und die Existenz Gottes auf der
anderen einander nicht widersprechen, sondern daß es hier eine Lösung
gibt, die zwar nicht zwingend, aber akzeptabel ist.

5. Von der Person zur Persönlichkeit

H: Bei unseren Überlegungen über den Menschen als Person und moralisches Subjekt stand selbstverständlich das Gewissen im Zentrum. Normalerweise versteht man darunter das sittliche Bewußtsein des Menschen
in seiner Verantwortung vor Gott, das heißt in seiner theonomen Autonomie. Damit bewegt man sich ganz im Bereich des Moralischen. Nun haben
Sie in Ihrer Modalanthropologie ein wesentlich weiteres Feld der Ge-
wissensverpflichtung aufgezeigt, und es wäre sicher sehr sinnvoll, diese
Gedanken hier noch weiter zu entfalten.

B: Ganz gewiß. Und zwar hat diese Konzeption des Gewissens ihre
eigentliche Tiefe in der Frage nach der Geschichtsfähigkeit des Menschen.
Wir haben bereits davon gesprochen, daß sich der Mensch in einem Möglichkeitsspielraum bewegt, in dem er sich über sich selbst zu erheben vermag, sich aber auch unter sein eigenes Niveau fallenlassen kann. Das hängt
natürlich zusammen mit der Frage nach seiner Geschichtsfähigkeit.

Die klassische Anthropologie – und das ist der Vorwurf, den ich ihr bei
aller Anerkennung machen muß – hat keine Möglichkeit, die ganz simple
Tatsache zu erklären, daß der Mensch von der Geschichte betroffen
ist, daß er also geschichtlich existiert. Meine Anthropologie ist der Versuch, das mit Hilfe der Vorstellung zu klären, daß er sich in einem Möglichkeitsraum bewegt, in dem sein Leben sich verwirklicht und entscheidet, in einem Möglichkeitsraum, in dem er eine Geschichte mit sich
selbst durchlebt. Er kann sich, wie *Pico della Mirandola* gesagt hat, zur
Höhe des Göttlichen erheben oder sich in die Niederungen des Tierischen
fallenlassen. Das ist seine Geschichte mit sich selbst, und sie ist die Erklärung seiner Geschichtsfähigkeit, an der die klassische Anthropologie
scheitert.

Jetzt die Frage: Was gehört zu dieser Geschichte? Zu jeder Geschichte gehört ein Chronist, einer, der sie aufschreibt. Was nicht in den Akten steht, ist nicht in der Welt, sagt ein altes Sprichwort. Das gilt vorzugsweise von der Geschichte: Was nicht aufgezeichnet ist, das verfällt der Vergessenheit und bleibt wirkungslos. Die Geschichte braucht also einen Geschichtsschreiber, und diesen Chronisten sehe ich im Gewissen. Es urteilt über das, was wir aus uns selbst gemacht haben oder wie wir uns verfehlt haben. Aber zu meiner Gewissenstheorie gehört, wie Sie vorhin mit Recht gesagt haben, ein erweiterter Geschichtsbegriff. Dieser hängt damit zusammen, daß das Gewissen in einer ähnlichen Weise differenziert ist, wie es *Kant* in seiner ‚Kritik der reinen Vernunft' zum Ausdruck gebracht hat. Dort, wie schon erwähnt, sagt er, es gibt drei Grundfragen: „Was kann ich wissen?", „Was soll ich tun?", „Was darf ich hoffen?" – die Frage der Philosophie und Wissenschaft, die Frage der Ethik, die Frage der Religion. So sehe ich nun auch das menschliche Gewissen in einer differenzierten Form. Wir kennen das Gewissen normalerweise nur aus der Perspektive des sittlichen Gewissens, und da tragischerweise auch meistens nur, wenn uns dieses Gewissen Vorwürfe macht, also in Form des sogenannten „schlechten Gewissens". Dann haben wir „Gewissensbisse", wie wir es auszudrücken pflegen. Ab und zu hat dieses moralische Gewissen uns allerdings auch etwas Gutes zu attestieren, beispielsweise wenn wir uns bemüht haben und wir von ihm dafür gelobt werden. Doch es gibt nicht nur das moralische Gewissen, sondern auch das intellektuelle Gewissen, das ästhetische Gewissen und eine allerletzte Gewissensform, auf die ich besonders abheben muß, das Existenzgewissen.

Was verstehe ich unter dem intellektuellen Gewissen? Das ist ein Gewissen, das uns nicht Auskunft gibt über Wahrheit oder Irrtum, sondern über Verfolgung und Verfehlung des eigentlichen Lebenszieles. Dieses Gewissen war besonders virulent in den Zeiten der Repression und Diktatur, also vor allem in den bitteren Erfahrungen, die der Mensch in der Zeit der Hitlerdiktatur machen mußte. Damals gab es hochmögende Philosophen, ich erspare uns beiden die Namen, die *Adolf Hitlers* enormer Suggestivität, von der ich mich bei einem Vorbeimarsch als „Arbeitsmann" einmal selbst überzeugen konnte, erlegen sind, während sich oftmals schlichte Arbeiter und Bauern unbestechlich dieser Suggestion entzogen haben und bei ihrem Nein zu *Hitler* geblieben sind. Mit dieser Suggestivwirkung seines Blickes vermochte *Hitler* Menschen in wenigen Augenblicken umzudrehen und zum Gegenteil ihrer Ansichten zu zwingen. Es gab sie, die anderen, die kompromißlos nein gesagt haben. Sie hatten das bessere Urteil, sie hatten das gute intellektuelle Gewissen. Hier liegt eine Gewissensform vor, die man nur mit einem anderen Namen zu bezeichnen pflegt, nämlich mit dem vom besseren oder schlechteren Urteil.

Schließlich gibt es das ästhetische Gewissen. Auch dafür haben wir einen anderen Begriff: Wir sprechen von einem guten oder schlechten Geschmack. Einen schlechten Geschmack hat derjenige, der Kitsch nicht von Kunst unterscheiden kann; einen guten Geschmack derjenige, der in seiner Erkenntnis unbestechlich ist, der Kunst von Kitsch zu unterscheiden weiß. Nun tue ich dasselbe, was *Kant* in seinem Spätwerk getan hat, als er die drei genannten Fragen auf die letzte, basale Frage zurückführte, die Frage nach dem Menschen. Das versuche ich mit der Zurückführung der Gewissensformen auf deren gemeinsame Basis und spreche vom Existenzgewissen. Das urteilt eben nicht über Gut und Böse, über Irrtum und Wahrheit, auch nicht über Kitsch und Kunst, sondern es urteilt über mich selbst im Akt der Annahme meiner selbst, also meiner Selbstverwirklichung oder der Verfehlung meiner selbst. Wir sitzen ja hier in der Bibliothek von *Romano Guardini*, der in Zusammenhang mit der Selbstakzeptanz eine wichtige Aussage gemacht hat. Er sagte: Allen menschlichen Tugenden ist eine vorgeordnet – die Annahme seiner selbst. Das ist das Grundproblem des Existenzgewissens, ob ich mein Leben annehme, so wie es ist, und aus meinen Möglichkeiten das Beste herauszuholen versuche, oder ob ich mich fallen und treiben lasse, den Weg des geringeren Widerstands gehe, mit der Masse schwimme und mit den Wölfen heule und mich von der Suggestion der Medien überwältigen lasse oder ob ich Widerstand leiste und an mir selbst arbeite und das vollziehe, was ich vorhin einmal als die Kultivierung meiner selbst bezeichnet habe, jenen Urakt aller Kultur, der darauf ausgeht, aus der Personalität des Menschen eine Persönlichkeit herauszugestalten.

H: Diese Ausführungen sind außerordentlich beeindruckend, aber ich muß dazu sagen, daß sie eigentlich nicht bekannt sind. Gemeinhin kennt man das moralische Gewissen und weiß, daß die Gewissensbildung, wenn man – zumal in kritischen Situationen – richtige Entscheidungen treffen will, von großer Bedeutung ist. Aber die Gewissensformen, von denen Sie sprechen, und die für die Gesamtentwicklung des Menschen von so grundlegender Wichtigkeit sind, sind weder der Sache nach im Bewußtsein des heutigen Menschen, noch werden sie in irgendeiner Weise gefördert. Das heißt also, daß für den heutigen Menschen, vor allem für den jungen Menschen, in dieser Hinsicht sehr viel getan werden kann und sollte, denn wir sehen ja, daß das, was auf diesem Gebiet zum Beispiel beim ästhetischen und intellektuellen Gewissen geschieht, nicht gerade das ist, was für die Entwicklung des Menschen von der Person zur Persönlichkeit wünschenswert wäre.

B: Sie haben vollkommen recht – das müßte Ziel einer modernen Pädagogik sein, denn es liegt im elementaren Interesse des zusammenwachsenden Europa, daß es eine Jugend besitzt, die sich auf Ideale konzentriert und die in den Rahmenbedingungen des zusammenwachsenden Europa die große Chance ihrer eigenen Zukunft erblickt. Dazu gehört natürlich, daß diese Jugend gegen die nivellierenden Tendenzen immunisiert wird, besonders gegen das, was von der Computerwelt ausgeht, denn einer der hellsichtigsten Theoretiker, *Neil Postman*, hat einmal gesagt: Bildet euch doch ja nicht ein, daß die Diktaturen mit dem Ende von *Hitler* und *Stalin* vollkommen von der Bildfläche verschwunden sind, sie haben nur ihre Gestalt gewechselt, sind in eine performative und vor allen Dingen in eine persuasive Form übergewechselt; sie erreichen ihre Ziele nicht mehr durch Terror und Unterdrückung, sondern durch Betörung und Verzauberung. Das erleben junge Menschen immer dann, wenn sie in das geraten, was ich die Medienabhängigkeit des heutigen Menschen zu nennen pflege. Jedermann ist alarmiert, wenn er mit dem Phänomen der Drogenabhängigkeit konfrontiert wird, aber kein Mensch schlägt Alarm angesichts der Medienabhängigkeit, in der sich die allermeisten befinden. Sie lassen sich von den Medien einreden, was sie kaufen sollen, wohin sie reisen, leider auch, was sie denken und entscheiden sollen, und geraten somit in eine der menschlichen Würde widerstreitende Abhängigkeit. Ich sehe in der Tat eine der größten pädagogischen Aufgaben darin, die Jugend in dieser Hinsicht zu immunisieren und ihr dieses neue Selbstverhältnis nahezubringen, das auf die Entwicklung der Person zur Persönlichkeit ausgeht.

H: Diese Überlegungen erinnern mich an eine Ihrer Grundanforderungen an das Christentum. Sie betonen immer wieder, daß das Christentum keine moralische Religion *ist*, sondern eine Religion, die Moral *hat*. Genau dieser Kontext paßt hierzu. Denn in der Überbetonung der moralischen Dimension gehen die anderen Dimensionen mehr oder weniger verloren, und gerade die Justierung des Grundverhältnisses von Mensch zu Gott und Gott zu Mensch, mit all seinen Nebenschauplätzen, wäre von grundlegender Bedeutung

B: Hier kann ich Ihnen nur zustimmen. Wir sind durch die Meinung, daß das Christentum vor allen Dingen eine moralische Religion sei, in eine moralische Kopflastigkeit hineingeraten. Das Christentum ist jedoch nicht die Religion der Disziplinierung des Menschen, sondern die Religion der

Erhebung des Menschen. Deswegen müßte es auch zum Ganzen der von mir vorhin postulierten Pädagogik gehören, daß dem Menschen endlich sein wahres Werdeziel vor Augen gestellt wird. Das besteht eben nicht nur in der Überzeugung, daß er ein besonderes Geschöpf ist, sondern in der Idee der Gotteskindschaft, dem Höchstbegriff der christlichen Anthropologie, auf den hin die ganze Pädagogik abgestellt werden sollte. Unglücklicherweise erweckt dieser Begriff mitunter die Vorstellung einer Infantilisierung des Menschen. Er ist aber akkurat das Gegenteil, denn das Höchste, was vom Menschen überhaupt gesagt und gedacht werden kann, besteht darin, daß er Kind Gottes ist. Gotteskindschaft ist nichts anderes als die an uns weitergegebene Gottessohnschaft Jesu.

6. Selbstfindung und Selbstverlust

H: Herr Kollege Biser, in der von Ihnen ausgearbeiteten Modalanthropologie haben Sie einen Aspekt des Menschseins herausgestellt, der für eine christliche Anthropologie von besonderer Bedeutung ist. Der Mensch ist nicht einfach nur vorhanden, sondern er hat die Aufgabe, sich selbst zum Menschen zu machen, sich selbst zu verwirklichen. Mit dieser Aufgabenstellung steht er in einer Spannung zwischen zwei Polen: Auf der einen Seite besteht die Gefahr, sich selbst zu verlieren, auf der anderen Seite, die Möglichkeit, sich selbst zu gewinnen, das heißt letztlich, es geht um die Spannung zwischen Knechtschaft oder Heteronomie auf der einen und Freiheit oder Autonomie auf der anderen Seite. In diesem Kontext kommen nun zwei Begriffe vor, die man heute nicht mehr so gerne hört, die aber in einer richtigen Auslegung unverzichtbar sind, wenn die personale Entwicklung gelingen soll, nämlich die Begriffe „Tugend" und „Laster". Wie stellt sich das im Rahmen Ihrer Anthropologie dar?
B: Nun ist die Tugendlehre, wie Sie ganz richtig gesagt haben, nicht mehr sehr en vogue, sondern gehört eher zu den vergessenen Themen der menschlichen Orientierung. Aber das ist kein Beweis für ihre Unrichtigkeit. Das Ganze müßte nach meiner Meinung im Zusammenhang mit der Tatsache gesehen werden, daß sich der Mensch in einem Möglichkeitsraum vorfindet und vor der Aufgabe steht, sich selbst, wie Sie vorhin bereits gesagt haben, zum Menschen zu machen, was heißt, die in ihm ungehobenen Möglichkeiten freizusetzen, um sein Ziel eines vollen, integrierten Menschseins zu erreichen. Darauf wirken nun die Tugenden hin. Sie sind ein Vorgriff auf diese Anthropologie, die dem Menschen zutraut, daß

er sich aus seinem gegebenen Ist-Zustand in einen Zustand, den er realisieren soll, erhebt; dazu bahnen ihm die Tugenden den Weg. Sie sind leider etwas in Mißkredit geraten. Allerdings gab es nach dem Ersten Weltkrieg einen bedeutenden, dynamischen Denker, *Max Scheler*, der eine kleine Schrift zur Rehabilitierung der Tugenden geschrieben hat. Und einer der großen Verehrer des *Thomas von Aquin*, zu denen auch Sie gehören, *Josef Pieper*, hat diesen Faden aufgenommen und eine auf *Thomas* gründende moderne Tugendlehre entworfen.

Vielleicht ist es sinnvoll, die Tugenden ganz kurz in Erinnerung zu rufen: Es gibt die sogenannten Kardinaltugenden, die Grundtugenden Klugheit, Mäßigung, Tapferkeit und Gerechtigkeit; ferner die spezifisch christlichen Tugenden Gehorsam, Demut, Sanftmut und Barmherzigkeit, und dann gibt es die sogenannten göttlichen Tugenden Glaube, Hoffnung, Liebe und Weisheit. Diese bilden in ihrer Gesamtheit einen Turm, und so sind die Tugenden in den mittelalterlichen Darstellungen auch oft dargestellt und verdeutlicht worden. Dieser Turm bedeutet eigentlich den Inbegriff menschlicher Selbstwerdung.

Wir müssen nun allerdings überlegen, in welchem umfassenderen Kontext das heute steht. Selbstverständlich ist die Tugendlehre nur ein Vorgriff auf etwas sehr viel Größeres, was mit dem gewaltigen geistesgeschichtlichen Umbruch am Ende des Deutschen Idealismus zu tun hat. Die idealistischen Philosophen *Kant*, *Hegel* und *Schelling* hatten noch kein Problem mit dem menschlichen Ich und Selbst gehabt, am allerwenigsten *Fichte*; aber dann kam die große Krise mit der Romantik, beginnend in den Dichtungen *Heinrich von Kleists*: Es handelt sich um die sogenannte Identitätskrise. Jetzt verlor der Mensch die Sicherheit seiner Identität und versuchte verzweifelt, er selbst zu sein. Einer der großen Theoretiker, *Sören Kierkegaard*, hat dies so formuliert: Mein Dasein ist zum Äußersten gebracht; es ist ohne Geschmack, ohne Salz und Sinn. Wo bin ich? Wie bin ich in dieses Ganze hineingeraten? Wer hat mich da einfach stehenlassen? Wer bin ich? – Das ist die Identitätskrise, und sie muß als die Rahmenbedingung gesehen werden, in der die Tugenden neu entdeckt und zur Geltung gebracht werden sollten. Um was es dabei letztlich geht, ist dann vor allem von dem schon vorhin angesprochenen Denker auf den Punkt gebracht worden, von *Romano Guardini*. Er hat gleichsam die basale Tugend entdeckt, die allen anderen vorgeordnet ist. Er nannte sie die „Annahme seiner selbst".

H: Darf ich da ganz kurz einhaken? Die Formulierung „die Annahme seiner selbst" könnte die Gefahr in sich bergen, daß der Mensch darauf verzichtet, sich zu entfalten, und daß er einfach sagt: So bin ich, also lassen wir es dabei. Aber das hat ja *Guardini* nicht gemeint, und das meinen auch Sie nicht, wenn Sie ihn hier zitieren.

B: Es gibt jedoch eine noch viel schlimmere Gefahr, nämlich die, daß der Mensch nicht nur auf das, was er sein soll, verzichtet, sondern daß er sich den Tendenzkräften unserer Gegenwart überläßt, denn diese haben kein Interesse an der Kultivierung des Menschen, sondern am Gegenteil. Sie sind die Erbschaftsverwalter der Diktaturen von *Hitler* und *Stalin*, die den Menschen zu einem gefügigen Element des Staatsapparates zu erniedrigen suchten. Indes, der gleichfalls bereits erwähnte Theoretiker der modernen Medienszene, *Neil Postman*, wies darauf hin, daß die Diktaturen keineswegs aus unserer Welt verschwunden sind, sondern nur ihre Physiognomie geändert haben. Sie erreichen ihre Ziele – wie bereits gesagt – nicht mehr durch Unterdrückung und Terror, sondern durch Überredung und Betörung. Deswegen müssen wir die Augen öffnen für die modernen Formen der Diktatur, die vor allen Dingen in Gestalt der Medien virulent geworden sind. *Max Weber* bemerkte einmal dazu: Die vielen alten Götter sind in unserer Zeit ihren Gräbern entstiegen und streben aufs neue nach Gewalt über unser Leben. Das ist ganz genau die Beschreibung der Medienszene. In ihr unterwirft sich der heutige Mensch lustvoll diesen anonymen Diktaturen und Tendenzkräften, die es darauf abgesehen haben, ihn zu einer reinen Funktionalität zu erniedrigen und ihn vom großen Ziel der Selbstwerdung abzubringen, wie es ihm durch die Tugenden vorgezeichnet ist.

H: Daraus folgt, daß die Heteronomie, die Fremdbestimmung, die große Gefahr in der heutigen Zeit ist. Um so wichtiger wird es, daß das Subjekt, der je Einzelne, zu seiner Eigenständigkeit und Eigenwertigkeit findet. Aber dieser Prozeß birgt wiederum eine eigene Gefahr in sich, nämlich daß das individualistische Element überbetont wird, daß der Mensch in eine Vereinzelung und damit in eine Isolation gerät und auf diese Weise nicht mehr gesellschafts- und gemeinschaftsfähig ist.

B: Hierbei muß natürlich gesehen werden, daß eine echte Selbstverwirklichung im guten und besten Sinn des Wortes überhaupt nur in der Gemeinschaft möglich ist. Deswegen sollte nie vergessen werden, daß jeder den Mitmenschen braucht. Ohne den Mitmenschen gäbe es keine Sprache, keine geistige Entwicklung, ja es gäbe das Schönste in unserem Leben nicht – die Liebe. Das sind fundamentale Erkenntnisse, die eigentlich jeder gewinnen müßte, die aber zu jenen Selbstverständlichkeiten des Daseins gehören, über die man sich normalerweise keine Rechenschaft gibt und auch nicht geben will, weswegen sie verdrängt werden. Eigentlich müßte das jedermann vor Augen stehen: Ohne die Hilfe des Mitmenschen, ohne Hilfe der menschlichen Gemeinschaft keine Sprache, keine Kultur, keine Liebe. Deshalb ist der Prozeß der Selbstwerdung ganz elementar an die Gegebenheit der Gemeinschaft und die Verbundenheit mit dem Mitmenschen gebunden.

H: Das schließt unmittelbar an unsere Gedanken über die Personalität, über das Personsein des Menschen an, denn wenn man diesen ontologischen Sachverhalt subjektiv faßt, dann heißt es ja über das Ich – und das Ich gibt es nur, wenn es ein Du gibt –, daß schon im Wort selbst die Gemeinschaft und die dialogische Beziehung mitgegeben sind.

B: Unbedingt!

H: In diesem Zusammenhang möchte ich noch einen anderen Aspekt ansprechen. Die klassischen Tugenden gibt es ja schon bei den alten Griechen; wir können sie bereits bei *Aristoteles* nachlesen. Was aber ist das spezifisch Christliche an diesen Tugenden, wenn sie von Ihnen im Rahmen einer ausgesprochen christlichen Anthropologie entfaltet werden?

B: Ich habe es vorhin schon einmal angedeutet: Es gibt eben nicht nur dieses sogenannte Viergespann der Kardinaltugenden, von dem *Josef Pieper* gesprochen hat. Es gibt auch die spezifisch christlichen Tugenden: Gehorsam, Demut, Sanftmut, Barmherzigkeit. Das klingt zwar heute auch nicht mehr so, wie es einmal gemeint war, jedenfalls nicht seiner genuinen Bedeutung entsprechend. Aber wir sollten eines nie vergessen: Es war eigentlich die Phalanx dieser Haltungen, mit deren Hilfe das Christentum in die antike Welt Einzug gehalten hat. Vor allen Dingen war es die Summe der erstgenannten Tugenden, also die Summe von Gehorsam, Demut und Sanftmut in Gestalt der Barmherzigkeit, die den Siegeszug des Christentums überhaupt erst ermöglicht hat. Das Christentum ist deswegen über das Heidentum Herr geworden, weil es die Wärme der Barmherzigkeit in die Kältehölle der Antike hineingetragen hat. Soviel die Botschaft des Christentums auch behilflich war, um die Menschen für die Idee der christlichen Lehre zu gewinnen, noch bedeutungsvoller war der klimatische Neubeginn, daß Barmherzigkeit geübt und als elementare Verpflichtung verstanden und angenommen worden ist. Dadurch hat das Christentum die Herzen der Menschen gewonnen.

H: Aber gerade an diesen Beispielen zeigt sich, daß sich die Tugend im Grunde genommen auf einem ganz schmalen Grat bewegt. Denn wenn ich den Gehorsam, den Sie genannt haben, herausgreife, dann ist das zugleich die mögliche Gefährdung für die Autonomie und Eigenständigkeit des

Menschen. Gerade die Geschichte des Christentums hat gezeigt, wie man den Gehorsam zu einer Untugend machen, wie man ihn überstrapazieren kann und wie man auf diese Weise die Menschen mehr oder weniger entmündigt.

B: Gehorsam muß natürlich von seiner Grundbedeutung her verstanden werden. Er ist die Fähigkeit des Menschen, hören und auf andere eingehen zu können, ja auch Autoritäten würdigen und in das eigene Lebenskonzept aufnehmen zu können. Das steckt hinter dem Gehorsam, nicht Unterwürfigkeit. Das Christentum will aus den Menschen keine Sklaven machen, ganz im Gegenteil, es hat die Welt der Sklaverei überwunden. Deswegen konnte ihm nichts Schlimmeres widerfahren als daß man neue Formen der Knechtung innerhalb des Christentums entwickelte. Ich plädiere also dafür, daß man die Tugenden wieder auf ihre Grundbedeutung zurückführt, denn dann erweisen sie sich als echte Lebenshilfen. Das gilt selbstverständlich auch von der Demut und der Sanftmut. Demut hat gar nichts mit einer falsch verstandenen Selbsterniedrigung zu tun, sondern nur mit der realistischen Einschätzung der eigenen Möglichkeiten und vor allen Dingen mit der Dankbarkeit gegenüber dem, was uns gegeben ist, und was wir niemals selbst hervorgebracht haben, sondern immer nur dankbar registrieren und entgegennehmen können. Das klingt alles weich, unmodern und unheroisch, aber es handelt sich um ganz grundsätzliche Möglichkeiten der christlichen Selbstverwirklichung. Das Ganze mündet schließlich in die Barmherzigkeit. Sie ist zweifellos das Hauptcharakteristikum des Christentums. Wir sollten jedoch nicht vergessen, daß es noch eine höhere Ordnung von Tugenden gibt, die sogenannten theologischen Tugenden Glaube, Hoffnung und Liebe (1Kor 13,13), die in der Weisheit kulminieren. In diesem Ternär, in dieser Dreiheit, gipfeln der Kosmos der Tugenden und damit das Werdeziel des Menschen und des Menschlichen, um die es dabei letztlich geht.

7. Der Tod

H: Es gibt ein eigenartiges und zugleich vielsagendes Phänomen. Wenn uns die Nachricht vom Tode eines nahestehenden Menschen erreicht, dann fragen wir als erstes: Woran ist er gestorben? Und selbst wenn wir wissen, daß er schwerkrank war, wollen wir noch einmal genauer wissen, was die Ursache des Todes war. Dabei ist die Fragestellung völlig überflüssig, denn kein Mensch stirbt letztendlich an einer Krankheit, sondern wir sterben auf Grund unserer Kontingenz, unserer Endlichkeit. Diese Fragen zeigen uns deutlich, daß der Tod als die große Bedrohung empfunden wird, und daß wir, auch wenn wir die Ursache einer Krankheit kennen, immer noch die Hoffnung haben: Ich habe diese Krankheit nicht, also habe ich vielleicht die Chance, dem Tod zu entgehen. Ins Bewußtsein zu heben, daß der Tod wesentlich zum Leben des Menschen gehört, scheint eine außerordentlich wichtige Aufgabe zu sein, wenn der Mensch wirklich er selbst werden und sein will. Wir wissen, daß *Martin Heidegger* in seinen Überlegungen in ‚Sein und Zeit‘ die Analyse des Todes bis zum Äußersten getrieben hat. Daher müssen wir nun fragen, wie sich das, was zunächst eine rein philosophische Erkenntnis ist, in der Sicht des Christentums darstellt.

B: *Theodor W. Adorno*, der bekannte Vertreter einer radikalen Gegenposition, hat *Heidegger* vorgeworfen, der Tod sei bei ihm zum Stellvertreter Gottes geworden. Das ist ein Gedanke, auf den wir anschließend noch einmal zurückkommen sollten. Um zunächst aber auf Ihre Eingangsüberlegungen zurückzublenden: Selbstverständlich ist der Tod die allergrößte Herausforderung des Menschen, das große schicksalhafte Ende, mit dem der Mensch im Grunde nie fertig wird. Daher stellt sich sofort die Frage: Wie wissen wir, daß wir sterben müssen? Hierzu gibt es zwei Ansichten, deren eine von der Erfahrung fremden Sterbens ausgeht. Danach kommt man auf den Gedanken, daß man auch selber sterben müsse, durch den Rückschluß vom fremden Sterben auf das uns bedrohende eigene Sterben. Ich jedoch halte diesen Rückschluß nicht für zwingend, denn, wie Sie bereits angedeutet haben, bestünde dann immer noch die Hoffnung, daß ich in diesem Fall doch die große Ausnahme sein könnte: Alle anderen müssen zwar sterben, aber das erzwingt noch lange nicht meinen eigenen Tod. Deswegen gehe ich, im Gegensatz zu dieser verbreiteten Ansicht, davon aus, daß wir einen dunklen Bescheid des Sterbenmüssens in uns tragen, der von unserem Organismus an uns ergeht. *Nietzsche* hat einmal von der „großen Vernunft des Leibes“ gesprochen gegenüber der „kleinen Vernunft des Verstandes“. Darin steckt unbestreitbar ein Wahrheitsmoment, denn in unsere Konstitution, zumal in unsere Leiblichkeit, ist unser Ende einprogrammiert. Wir tun uns allerdings schwer, dem Rechnung zu tragen. Aber ich denke, es gibt diesen dunklen Bescheid des Sterbenmüssens, der uns dazu bringt.

Jetzt kommt natürlich die Frage: Was bedeutet der Tod? Was hat er uns zu sagen? In diesem Zusammenhang greife ich auf das zurück, was Sie vorhin angedeutet haben: Der Tod hängt zusammen mit der Kontingenz unseres Daseins. Wir verfügen immer nur über das uns zugestandene Dasein auf Abruf. Die ganze Frage des Menschen besteht darin, wie er mit diesem Dasein auf Abruf fertigwird. Deswegen muß gefragt werden, was der Tod für uns bedeutet – eine Frage, die durch die ganze Kulturgeschichte hindurchgeht und eine große Zwiespältigkeit in sich birgt. Auf der einen Seite, und das kann man durch alle Zeugnisse der Todesdichtungen hindurch verfolgen, ist der Tod das Schreckliche, Bittere, Furchtbare, der Inbegriff der Vernichtung. Aber auf der anderen Seite das genaue Gegenteil. Denn in einer der größten Todesdichtungen der Menschheit, in der ‚Odyssee‘, gibt es auf der einen Seite den menschenfressenden Polyphem, diesen Inbegriff der unser Dasein aufzehrenden Gewalten; ferner Skylla und Charybdis, diese furchtbaren Ungeheuer, denen niemand entrinnen kann; auf der anderen Seite aber die verführerische Kalypso und die Sirenen, deretwegen sich Odysseus an den Mastbaum binden läßt, um sich nicht unter dem Eindruck ihres Gesangs ins Meer zu stürzen, denn er sieht am Fuß des Sirenenfelsens die Gebeine derjenigen bleichen, die von ihnen bereits aufgefressen worden sind. Angesichts des Todes erlebt der Mensch somit den Zwiespalt von Schrecknis und Faszination.

H: Hierin kommt das Spezifische des griechischen Denkens zum Ausdruck, wonach dem Geist der Materie gegenüber immer der Vorrang zukommt. Das zeigt sich nicht zuletzt darin, daß die Geistseele unsterblich ist, da sie bei der Trennung von ihrem Körper zum allgemeinen und absoluten Geist zurückkehrt. Mit dieser These wird eine Voraussetzung gemacht, die nicht begründet werden kann, da alles, was einen Anfang hat, von Natur aus auch ein Ende hat. Man muß deshalb zur Kenntnis nehmen, daß der Mensch grundsätzlich endlich ist.

An diesem Punkt setzen die unterschiedlichen mythologischen Versuche an, das Problem der Endlichkeit des Menschen zu bewältigen. Die Theorie von der Unsterblichkeit der Seele ist nur scheinbar eine positive Lösung, da sie nur vom „allgemeinen Geist“, nicht aber von der Einzelseele handelt. Vergleichbare Deutungen finden sich in anderen Weltanschauungen. Deshalb die Frage: Wie löst das Christentum dieses Problem?

B: Das Christentum gibt als einzige Religion eine wirkliche Antwort, wohingegen alle anderen Religionen es nur zu einer Beschwichtigung hinsichtlich der Tatsache des Sterbenmüssens bringen. Wir brauchen aber eine Religion, die den Tod überwindet, und das leistet als einzige das Christentum. Im Zentrum des Christentums stehen der Gedanke und der Glaube an die Auferstehung Christi, die keineswegs nur ein Ereignis seiner eigenen Lebensgeschichte ist, denn es ist jenes Ereignis, in das wir hineingenommen sind. Deswegen ist seine Auferstehung die Garantie unserer eigenen Auferstehung, verstanden als die Hineinnahme in die Wirklichkeit Gottes. Wir sterben, um es anders auszudrücken, auf Grund unserer Teilhabe an der Auferstehung Christi in die Wirklichkeit Gottes hinein.

H: Abgesehen von diesem Hoffnungsaspekt müssen wir auch noch einmal zurückfragen nach den Gründen. Warum sind wir sterblich? Ich sagte vorhin: weil wir endlich sind. Aber warum gibt es uns als endliche Wesen? Keiner von uns hat ein Interesse daran, als endliches Wesen hier auf dieser Erde zu sein.

B: Das ist vollkommen richtig und erfordert nochmals die Rückfrage nach dem Grund unserer Existenz. Darauf hat *Martin Luther* mit der extremen, aber begreiflichen Disputationsthese geantwortet, daß der Mensch im Grunde nicht wollen könne, daß Gott sei, sondern nur, daß er selbst, der Mensch, Gott sei. Das widerspricht seiner Konstitution und steckt doch als brennendes Verlangen in ihm, zumindest in der Form, daß er keinesfalls ausgelöscht werden möchte. Während alle andern Religionen ihn in dieser Sorge nur beschwichtigen, ist das Christentum – in seinem Kern begriffen – die einzige Religion, die diese Sorge durch ihren Auferstehungsglauben bewältigt. Wir werden dadurch zwar nicht zu Gott – eine Unmöglichkeit –, wohl aber zu „Teilnehmern des göttlichen Lebens", einbezogen in Gottes unendliches Selbstverhältnis.

Doch in diesem Zusammenhang möchte ich nochmals auf den Doppelaspekt des Todes zurückgreifen: der Tod auf der einen Seite als Schrecknis und auf der anderen Seite als Faszination. Das reicht weit zurück in die Bibel, wo es gleichzeitig heißt: „Tod, wie bitter bist du" und „Tod, wie süß bist du". Dasselbe findet sich in einem der schönsten Lieder von *Franz Schubert*, in ‚Der Tod und das Mädchen', wo der Tod zu dem sterbenden Kind sagt: „Ich bin nicht wild. Sollst sanft in meinen Armen schlafen." Da haben wir wieder diesen Doppelaspekt: der Tod als der Wilde, der Furchtbare, aber auch als der Sanfte, der den Menschen in seine Geborgenheit Aufnehmende. Von da führt schon ein kleiner Schritt zu *Adorno*, der *Heidegger* unterstellt, daß dessen Todeslehre den Tod als Stellvertreter Gottes zeichne. Das traditionelle Gottesbild ist ja auf erstaunliche Weise genauso ambivalent wie die Todeserfahrung. Der Doppelgesichtigkeit des Todes – einmal furchtbar, einmal faszinierend und betörend – entspricht die Doppelgesichtigkeit des durchgängigen Gottesbildes aller Weltreligionen, mit Ausnahme allerdings der christlichen Religion. Denn das Christentum hat diese Tradition aufgehoben und mit seiner Lehre von dem eindeutigen, bedingungslos liebenden Gott durchbrochen, während sich die alte

Gotteslehre mit ihrem ambivalenten Gottesbild, die leider auch in den Kirchen immer noch virulent ist, als eine Projektion des Menschen entlarvt, als eine Gottesvorstellung, geboren letztlich aus unserer zwiespältigen Todeserfahrung.

H: Aber da muß man ausdrücklich hinzufügen, daß diese eigentlich christliche Gottesvorstellung, wenn ich es etwas zugespitzt formulieren darf, erst mit Ihrer Theologie in der Kirche wirksam wird. Denn wir alle sind mit der Vorstellung aufgewachsen, daß Gott der Liebende und der Strafende ist. Von daher erklärt sich dann auch die Frage nach dem Tod. Nach traditionellem Verständnis ist der Tod die Folge der Sünde. Das heißt also, wir müssen jetzt noch einmal die Frage nach dem Bösen, nach der Sünde, nach der Möglichkeit zu sündigen stellen, um diese Beurteilung des Todes abzuklären und deutlich zu machen, daß es aus christlicher Perspektive am Ende eine rein positive Sicht sein muß.

B: Im Grund ist das die Frage nach der Lebensleistung Jesu, denn die eigentliche Botschaft des Christentums kommt letztlich aus ihr. In diesem Zusammenhang müssen wir bedenken, in welcher Situation Jesus sein Lebenswerk gestaltet und vollendet hat. Es war eine denkbar prekäre Situation: Israel war Besatzungsland, und die sogenannten Zeloten, die Freiheitskämpfer und Selbstmordattentäter der damaligen Zeit, wollten um jeden Preis den Befreiungskrieg gegen Rom. Jesus wußte jedoch, daß im Fall des Ausbruchs dieses Krieges kein Stein auf dem andern bleiben werde. Doch das ist nur die Rahmenbedingung seines Wirkens. Zentral kommt seine Lebensleistung aus seiner einzigartigen Gottesbeziehung und Gotteserfahrung, die ihm deutlich machte, daß dieser Gott nicht dem entspricht, was die Menschheit in ihm seit Jahrtausenden gesehen hat, nämlich den Inbegriff einer ambivalenten, zwiespältigen Gegebenheit – auf der einen Seite ein Helfer, ein Tröster und gütiger Betreuer seiner Geschöpfe, auf der anderen Seite jedoch ein bedrohender und seine Strafgerichte verhängender Gott –, sondern daß das Herz Gottes vielmehr die Liebe ist. Aus diesem Fundus schöpft Jesus, aus ihm kommt sein ganzes Lebenswerk, und diese Aussage, daß Gott die Liebe ist, die dann auch die krönende Aussage des ganzen Neuen Testaments bildet, die durchstrahlt sogar sein Kreuz. Das Kreuz Jesu ist, zusammen mit seiner Offenbarung, die erschütterndste, großartigste und nie mehr zu überbietende Manifestation der göttlichen Liebe. Davon muß alles ausgehen. Das ist der diamantene Kern des Christentums.

8. Die Angst

H: Bei unserem Nachdenken über den Tod und die Grundeinstellung des Menschen dazu stießen wir auf das Phänomen der Angst. In unserem Gespräch zeigte sich zwar, daß es auch die Möglichkeit einer Todesfaszination gibt. Aber wir können trotzdem davon ausgehen, daß die Angst unser ganzes Leben lang grundsätzlich zurückgebunden ist an das Wissen um den Tod, der unvermeidlich ist. Nun stellt sich die Frage, wie verschieden und vielfältig diese Angst in das menschliche Leben hineinwirkt.

B: Zunächst wird man sagen müssen: Der Tod hat einen Bruder, den Schlaf, aber er hat auch eine schreckliche Schwester, das ist die Angst; und diese Angst hat die Gemüter kaum jemals stärker befallen als in unserer Zeit. Deswegen bezeichnete der englische Dichter *Wystan H. Auden* unser Zeitalter als „the age of anxiety", als „das Zeitalter der Angst". Der Philosoph *Karl Jaspers* hat das mit der These unterbaut: „Eine so noch nie dagewesene Lebensangst ist zum unheimlichen Begleiter des heutigen Menschen geworden." Das ist eine Tatsache, die sich täglich neu bestätigt. In diesem Zusammenhang muß ein Dichterwort in Erinnerung gerufen werden, das von dem halb vergessenen, aber deswegen nicht weniger bedeutenden *Werner Bergengruen* stammt. Er kommt in seinem großen Roman ‚Am Himmel wie auf Erden' zu der Überzeugung: „Die Angst ist die teuflische Mitgift des Menschengeschlechts, und ihre Dämonie besteht darin, daß sie unter ihren ständig wechselnden Masken stets jene auswählt, die ihren Opfern am schrecklichsten einleuchtet." Wenn man dieses Wort des Dichters zugrunde legt, kann man die ganze Geschichte der Angst erschließen.

Man wird zunächst fragen müssen, wie es darum in der Antike stand. Da gab es nach dem Verfall des Götterglaubens die Schicksalsangst. Alles war dem Fatum und seinem Spruch unterworfen, Götter wie Menschen. Erst das Christentum hat mit dieser Vorstellung gebrochen. Paulus sagte: „Christus hat die Weltelemente", und das ist nichts anderes als das Fatum, „entmachtet. Ihr braucht euch nicht mehr zu fürchten" (Röm 8,31–39). Dennoch ging die Geschichte der Angst weiter bis ins Mittelalter hinein. Dieses litt an einem Geschlechterproblem. Es ist mit dem Thema „Frau" nicht fertiggeworden. Auf der einen Seite wurde die Frau vergöttert durch die Hohe Minne, auf der anderen Seite verteufelt als Hexe. Man denke an die Hexenangst, der Tausende und Abertausende zum Opfer gefallen sind. Mit der Reformation schließlich tritt die Teufelsangst auf den Plan. „Und wenn die Welt voll Teufel wär", dichtete *Luther*, der allenthalben den Teufel am Werk sah. Dann kam plötzlich der Umschlag bei *Blaise Pascal*: „Das Schweigen dieser unendlichen Räume läßt mich erschaudern." Das ist die Weltenangst. Und schließlich ist in unserer Zeit die Angst geradezu epidemisch geworden. Sie hat sich auf alles geworfen, und deswegen fürchten sich die Menschen vor den Zeitereignissen und einer möglicherweise drohenden Kriegsgefahr, denn wenn man die gegenwärtige Überrüstung in Ost und West berücksichtigt, muß man fürchten, daß die Welt in einen neuen Weltkrieg hineintreibt. Hinzu kommen die Angst vor dem Terrorismus und der Globalisierung. Deshalb stellt sich die Frage, welche Formen der Angst es eigentlich gibt. Ich sehe vor allem zwei: Auf der einen Seite eine Inklusionsangst. Man fürchtet sich, weil man sich in die Enge getrieben fühlt, aus der es kein Entrinnen zu geben scheint. Aber auch eine Isolation macht uns Angst, weil jeder Halt zu fehlen scheint, weil man ganz auf sich selbst gestellt und zurückgeworfen wird. Das macht sich dann fest sowohl an der Welt als auch an der Gesellschaft und schließlich sogar am Menschen selbst. Die Weltenangst zeigt sich darin, daß man einerseits diese Welt als allzu eng empfindet – es handelt sich hierbei vor allem um die sich bei uns ausbreitenden ökologischen Ängste, so daß man das Gefühl hat, der Lebensraum der Menschen werde immer enger und reiche für die Milliarden von Menschen auf einmal nicht mehr aus. Und andererseits zeigt sich auch, was uns die moderne Astrophysik täglich neu vorführt: die unbeschreibliche Weite des Universums, in der sich der Mensch verliert und weder Halt noch Boden findet.

Dasselbe gilt von der Gesellschaft. Auf der einen Seite sind wir von der Gesellschaft überfordert, eingespannt in eine uns funktionalisierende Leistungs- und Konsumgesellschaft; auf der anderen Seite gilt das, was der Amerikaner *David Riesman* „the lonely crowd" genannt hat: Wir sind vereinsamt in der Masse. Du brauchst nicht in die Wüste zu gehen, um dich allein zu fühlen. In der Massengesellschaft bist du verloren und vollkommen vereinzelt. Ja, das gilt letztlich sogar von uns selber: Auch wir sind auf uns selbst zurückgeworfen, aber auch unserer selbst nicht mehr sicher. Das also sind die verschiedenen Formen der Angst in ihrer geschichtlichen Abfolge und ihren Erscheinungsformen.

H: Wo bleibt in diesem Zusammenhang eigentlich, so muß man fragen, die befreiende Botschaft des Christentums? Manches von dem, was Sie angesprochen haben, ist vom Christentum nicht nur nicht vermieden, sondern geradezu hervorgerufen worden. Wenn ich zum Beispiel an das Mittelalter denke: Es war voller Ängste, die durch die Verkündigung eines depravierten Gottesbildes hervorgerufen wurden. Es handelte sich um eine

Angstpädagogik, die die Menschen durch Drohung und Einschüchterung
gefügig machen wollte. Hier spielt natürlich wieder das ambivalente Gottesbild, bei welchem der rächende und strafende Gott im Vordergrund
steht, eine große Rolle. Das Positive ist einfach nicht gesehen worden. Und
die Entwicklung dieser Ängste scheint mir wesentlich damit zusammenzu-
hängen, daß es dem Christentum nicht gelungen ist, den Menschen die
eigentliche Botschaft Jesu zu vermitteln.

B: Mir scheint vor allem wichtig, was Sie abschließend zum Ausdruck
brachten. Die Botschaft des Christentums ist doch zentral die Botschaft
der Angstüberwindung. „Fürchtet euch nicht!" (Lk, 2,10), so rufen die
Engel auf den Fluren von Bethlehem. „Fürchtet euch nicht!" (Mt 28,10),
sagt der Auferstandene, und das ist nicht nur ein Gruß, sondern ein Pro-
gramm, mit dem er an seine Jünger herantritt. Aber die Praxis der Kirchen, da kann ich Ihnen leider nur zustimmen, war gegensinnig. Es gibt
ein erschütterndes Buch von *Oskar Pfister*, einem Freund von *Sigmund
Freud* und zwinglianischen Pfarrer: ‚Das Christentum und die Angst‘,
worin er sinngemäß schreibt: „Sosehr die Konfessionen der Christenheit in
dogmatischen, kultischen und pädagogischen Fragen unterschiedlicher
Meinung waren, in einem Punkt waren sie immer einig: Man muß den
Menschen Angst machen, um sie zur Akzeptanz der Angebote bewegen zu
können. Mache dem Menschen Angst, dann hast du ihn in der Hand!" Das
war die Pädagogik, die jahrhundertelang geübt worden ist, leider mit
einem verhängnisvollen Effekt. Man züchtete auf diese Weise einerseits
eine willenlose Herde, um es mit *Nietzsche* auszudrücken, andererseits
aber vor allem Menschen, die sich ihres Glaubens nicht wirklich bewußt
waren, die nicht aus der Mitte ihres Glaubens lebten, sondern den Glauben als eine Art Zwang empfunden haben. ‚Dogma und Zwangsidee‘ heißt
ein Buch von *Theodor Reik*, das in diesen Kontext hineingehört. Deswegen
ist es die große Aufgabe der Gegenwart, endlich die wirkliche Bedeutung
der christlichen Botschaft für die Angstüberwindung neu zu entdecken
und an die Menschen heranzutragen. Das sind wir gerade dem Menschen
im Zeitalter der Angst schuldig, das erwartet er von uns, und ich bin sogar
sicher, daß die Akzeptanz des Christentums und die Frage seiner Glaubwürdigkeit wesentlich davon abhängen, ob es gelingt, das Christentum als
die große Botschaft der Angstüberwindung an die Menschen heranzutragen und ihnen glaubhaft zu machen.

H: Mit diesen Ausführungen greifen Sie indirekt wieder zurück auf die
Geschichte, denn dieses Problem finden wir zunächst bei *Augustinus*. Mit
seiner Aufforderung „cogite intrare", nach welcher die Menschen gezwun-

gen werden sollen, in die Kirche einzutreten, zerstört *Augustinus* ein entscheidendes Moment christlichen Glaubens, nämlich die freie und personale Entscheidung. Die Glaubenswilligen werden damit generell unter Druck gesetzt. Deshalb konnte das Christentum die ursprüngliche Botschaft auch nicht weitervermitteln, weil sie bis zum Zweiten Vatikanum mehr oder weniger vergessen war. Um so wichtiger ist es, die Botschaft dieses Konzils den unter Ängsten leidenden Menschen nahezubringen.

B: *Augustinus* ist sicher eine sehr zwiespältige Persönlichkeit: auf der einen Seite grandios in seinen ‚Confessiones' – es gibt kein Werk, das sich damit messen kann, mit seinen tiefen Einsichten und wunderbaren Formulierungen. Auf der anderen Seite aber, gegen Ende seines Lebens, scheint *Augustinus* einer verdüsterten Denkweise verfallen zu sein, in der er sich nicht mehr vorstellen konnte, daß der Mensch wirklich ein sich frei entscheidendes Wesen ist. Er meinte, daß nur die wenigsten durch Überzeugung und Argumente gewonnen würden, und daß die meisten durch Zwang zum Heil geführt werden müßten. Damit hat er gegen eine elementare Grundbestimmung des Menschen verstoßen. Wir müssen uns vom Erbe dieser Fehlentwicklung loslösen, um den Menschen wieder zum Vollbewußtsein seines Christseins führen zu können.

H: Wenn wir diesen Gedanken von der historischen Rückbindung ablösen, dann entwirft *Augustinus* das Bild eines schreckenerregenden Gottes. Das ist genau das, was Sie vorhin schon ausgeführt haben: Dieses Gottesbild muß überwunden werden, wenn der Mensch von seinen Ängsten befreit werden soll!

B: Sie haben vorhin mit vollem Recht gesagt, daß meine Theologie, die wir hier beide vertreten, eigentlich in unserer Zeit für das Christentum, so anmaßend es klingen mag, die große Chance wäre. Ich kann Ihnen da nur zustimmen. Ich kann meiner Kirche, ich kann dem Christentum, das ist meine tiefe Überzeugung, keinen größeren Dienst erweisen als die Wiedergewinnung der Urbotschaft Jesu. Daher wiederhole ich noch einmal das Wort der Engel auf den Fluren von Bethlehem: „Fürchtet euch nicht!", und ich wiederhole noch einmal den Gruß des Auferstandenen, der wirklich die Bedeutung eines Programms hat: „Fürchtet euch nicht!" Der Gott Jesu Christi kann und darf nicht gefürchtet werden, weil er nicht gefürchtet werden will, weil er eben nicht dieser Gott der Doppelung ist – auf der einen Seite liebend, auf der anderen Seite furchtbar und drohend –, sondern eindeutig der Gott der bedingungslosen Liebe. Christus hat uns in seinem Lebenswerk, seiner Botschaft und nicht zuletzt seinem Kreuz mit einem neuen, der Wahrheit entsprechenden Gottesbild beschenkt. Dieser Gott, den er entdeckt und in die Welt hineingetragen hat, ist – daran kann kein Zweifel sein – der Gott der bedingungslosen Liebe. Dieser Gott muß heute neu ins Bewußtsein gehoben werden. Dem steht allerdings eine große Barriere entgegen, die ich nicht verschweigen kann: Es heißt immer wieder, leider auch aus dem Mund von Theologen, dieser Gott der Liebe sei ein Gott der Beliebigkeit, ein Gott des „Appeasements", ein Gott, der alles hinnehme, ein Gott, den man dann auch getrost vergessen könne, denn er brauche nicht ernst genommen zu werden. Das stellt nun allerdings das tiefste Mißverständnis dar, das überhaupt möglich ist, und ich begreife nicht, daß ich derartiges selbst bei bedeutenden Theologen lesen muß. Nein, der Gott der Liebe ist die größte Herausforderung des Menschen, denn er verlangt vom Menschen so viel, wie er ihm gibt. Und er gibt ihm alles: Christus ist das Geschenk dieses Gottes; seinen eigenen Sohn schenkt er uns. Aber er verlangt auch alles, nämlich Liebe aus ganzem Herzen, Liebe aus ganzer Hingabe, Liebe aus aller Wesens- und Geisteskraft. Wer hätte den traurigen Mut zu behaupten, daß er seinerseits Gott diese Liebe entgegenbrächte? Wir müßten eigentlich vor diesem Gott der bedingungslosen Liebe in die Knie sinken. Doch dann erlebten wir das Wunderbare, daß er uns nicht knien läßt, sondern uns erhebt und an sein Herz zieht, weil er der Gott der Liebe ist. Etwas Größeres kann dem Menschen überhaupt nicht gesagt werden, denn im Menschenherzen ist ein tiefer Hunger, der Hunger nach Liebe. Das Christentum ist die Erfüllung dessen; es ist, um es anders auszudrücken, die größte Liebeserklärung Gottes an die Welt.

9. Das Böse

H: Nach Ihren Worten und Ihrer Überzeugung, Herr Kollege Biser, ist das Wesen, der Kern des Christentums der Gott der vorbehaltlosen Liebe. Wenn man das hört und dabei zugleich das Weltgeschehen betrachtet, sieht man sich mit einem außerordentlich schwierigen Problem konfrontiert: Wie kann Gott angesichts des Leidens und des Bösen in unserer Welt, vor allem angesichts des grenzenlosen Leids von Menschen, die noch keinerlei Schuld auf sich geladen haben – auch die nicht geistbegabte Natur sollte man dabei nicht vergessen –, ein Gott der Liebe genannt werden? Der Gedanke, daß das Leid Folge von Schuld sei, muß ohnehin verworfen werden.

Es handelt sich letztlich um die Frage der Theodizee. Auch wenn wir das Geheimnis „Gott" nicht begreifen können, müssen wir uns doch so nahe wie möglich an die Problematik heranarbeiten, damit wir zumindest zeigen können, daß kein Widerspruch besteht zwischen real existierendem Leid und einem vorbehaltlos liebenden Gott.

B: Dazu kann man etwas ganz Grundsätzliches sagen. Die meisten Menschen verwechseln Liebe mit Zwang, während Liebe doch das Gegenteil von Zwang meint. Sie nötigt nicht, sondern setzt den Geliebten frei. Die Liebe ist die Mutter der Freiheit, was natürlich auch von der Liebe Gottes gilt: Sie nötigt uns nicht, sie bringt uns nicht auf eine Linie, die vielleicht seiner Weisheit entsprechen würde, sondern sie setzt uns innerlich frei. Deswegen haben wir die Freiheit, uns für oder gegen ihn zu entscheiden. Ein großer französischer Denker, *Maurice Blondel*, hat gezeigt, daß die Grundsituation des Menschen überhaupt darin besteht, sein Ziel zu erreichen, entweder mit und durch Gott oder ohne und gegen Gott. Diese Freiheit räumt Gott uns ein. Das steht also am Anfang dessen, was ich Ihnen als Antwort geben möchte. Aber es bleibt natürlich noch die Frage nach der Rolle des Bösen in unserer Welt. Wie kommt es überhaupt herein? Ich möchte mich der Antwort auf einem Umweg annähern, der vielleicht nicht so ohne weiteres verständlich ist, mir aber doch wichtig erscheint. Es gibt einen englischen Altphilologen namens *Eric Robertson Dodds*, der ein Buch geschrieben hat, in dessen Kern die Aussage steht, daß es in archaischer Zeit, also zur Zeit von ‚Iliade‘ und ‚Odyssee‘, eine Umschichtung des geschichtlichen Bewußtseins gegeben hat. Die homerischen Helden haben noch kein schlechtes Gewissen in unserem Sinn; wohl aber fürchten sie sich vor der Mißachtung durch die Öffentlichkeit. Sie haben ein ausgesprochenes Schambewußtsein. Erst durch die griechischen Tragiker sei dieses Schambewußtsein in ein Schuldbewußtsein umgepolt worden; und seitdem habe der Mensch ein schlechtes Gewissen. Ich will das nicht vertiefen, wohl aber die Beobachtung hinzufügen, daß sich in unserer Zeit eine Umkehrung dieses Prozesses ereignet hat. Heute, das weiß jedermann, haben viele kein schlechtes Gewissen mehr, wenn sie einen Gegenstand im Kaufhaus „mitgehen" lassen, wohl aber, wenn sie dabei ertappt werden, wenn also die Mißachtung der Öffentlichkeit über sie hereinbricht; dann allerdings sind sie zutiefst betroffen.

Es sieht aber nur scheinbar so aus, als ob die Sache der Religion damit verloren wäre, denn diese Geschichte hat ein uraltes Vorspiel in der Sündenfallsgeschichte des Alten Testaments im Buch Genesis. Dazu sagte einer der besten Kenner, *Martin Buber*, daß die Menschen, als Gott Adam mit den Worten: „Wo bist du?" (Gen 3,9) rief, sich wegen ihrer Nacktheit nicht nur voreinander, sondern auch vor Gott geschämt haben. Das bedeutet, daß die Scham auch eine religiöse Wurzel besitzt, so daß das religiöse Element nicht einfach verlorengegangen ist. Doch das war erst nur eine Heranführung an das Zentralthema: „Woher das Böse?" Es gibt die traditionelle Lehre von der Erbsünde, derzufolge gilt: Weil alle in Adam gesündigt haben, kam das Böse in diese Welt.

H: Dieses Theorem der Erbsünde ist ein Entwurf von *Augustinus*, der den Versuch machte, die Gerechtigkeit Gottes mit der Liebe Gottes in Einklang zu bringen. Er greift zurück auf eine mehr oder weniger wörtlich verstandene Schöpfungsgeschichte und sagt: In Adam haben alle Menschen gesündigt, und deshalb haben alle Menschen den Tod, das heißt die Verdammung verdient. Er geht davon aus, daß wirkliche Sünden nur kraft persönlicher Entscheidung und freien Willens begangen werden können. Bleibt nur die Frage, wie denn dann Erbsünde entstehen kann. Das versucht er nun auf folgende Weise zu erklären: In Adam haben alle gesündigt und – jetzt greife ich zurück auf jene griechische Tradition, wonach der Mensch ein Exemplar der Art „Mensch" ist – das heißt, daß in der Art, die Adam repräsentiert, alle Menschen wirklich gesündigt haben. Deshalb, so *Augustinus*, würde Gott gerecht handeln, wenn er alle Menschen verdammte. Gleichwohl will Gott auch barmherzig sein und diese Barmherzigkeit zeigt er darin, daß er einige der Verdammnis entreißt. Wohlgemerkt, das sagt der späte *Augustinus*.

Sie haben schon vorhin darauf aufmerksam gemacht, daß *Augustinus* einer der genialsten Denker des Abendlandes war. Die von mir gerade geübte Kritik tut dem keinen Abbruch. Dennoch hat er durch die Erbsündenlehre das Christentum in seinem Kern, ich muß es hart sagen, verdorben, indem er den Gott des Schreckens im christlichen Denken heimisch gemacht hat. Das hat zur Folge, daß man auf diese Weise die christliche Grundbotschaft nicht mehr vermitteln kann. Diese Negativität muß endgültig aus allen Bereichen sowohl der Theologie, als auch der Verkündigung, vor allem aber aus dem christlichen Glaubensbewußtsein eliminiert werden.

Wir müssen aber noch weiter fragen: Wie kann das, was im Schöpfungsbericht bildlich dargestellt ist, geschehen? Wenn wir an die Evolution denken, und wir kommen heute nicht mehr umhin, dies zu tun, dann handelt es sich dabei um gesicherte Erkenntnisse der Naturwissenschaften, die von Theologen einfach zur Kenntnis genommen und von ihnen in ihre theologischen Konzeptionen integriert werden sollten. Wir müssen also fragen: Was ist im Kontext der Evolution dem Theologumenon vergleichbar, daß der Mensch schuldlos schuldig werden und damit in eine grundsätzlich negative Situation geraten kann? Das ist die Fragestellung.

B: Ich möchte noch einmal bei *Augustinus* ansetzen, der sich das nicht einfach zurechtgelegt hat; vielmehr konnte er sich auf eine Stelle des Römerbriefs des Apostels Paulus beziehen, wonach der Tod der Sünde Sold ist (Röm 6,23). Weil wir alle in Adam mitgesündigt haben, deshalb müssen wir sterben. Aber es wird meist vollkommen übersehen, daß Paulus an anderer Stelle das genaue Gegenteil gesagt hat, und das sogar emphatisch. Das geschieht im 15. Kapitel des Ersten Korintherbriefs. Hier hat Paulus die ganze Problematik der Auferstehung Jesu und auch der Auferstehung der Toten insgesamt entfaltet. Und hier fällt ein entscheidender Satz, mit dem er ausspricht, daß der Tod zur Sünde antreibt. „Tod, wo ist dein Stachel?" (1 Kor 15,55), fragt er, um dann die Antwort zu geben: „Der Stachel des Todes ist die Sünde" (1 Kor 15,56). Nach allen theologischen Deutungen versteht Paulus hier den Tod als Treiber, der seine Herde, wie ich schon einmal ausgeführt habe, mit dem Treiberstachel in die Sünde hineintreibt. Wenn man diesen Gedanken reflektiert, erhält man eine sehr viel bessere Erklärung des Bösen in dieser Welt. Dann lautet die Antwort: Das Böse kommt aus der Todverfallenheit des Menschen, denn es gibt eine Tatsache, mit der sich der Mensch letztlich nie abfinden kann, die Tatsache, daß er sterben muß. Der Mensch ist zwar programmiert auf ein endliches Dasein, ein Dasein auf Abruf, aber er findet sich nicht damit ab, denn irgendwie steckt in ihm die Hoffnung auf ein ewiges Leben. Deswegen ist der Tod für ihn die denkbar größte Herausforderung.

Das muß erst verarbeitet werden. Es gibt dabei, wie immer im Leben, zwei Möglichkeiten, nämlich die einer positiven und die einer negativen Verarbeitung. Um zunächst einmal über die negative zu sprechen, so besteht diese darin, daß kein Mensch allein sterben möchte. Wenn er schon sterben muß, dann sollen möglichst viele andere in diesen Abgrund mit hineingerissen werden. Daraus folgt, so wie ich es verstehe, die Psychologie des Mörders. Der Mörder mordet vielleicht vordergründig, um einen Raub zu verüben oder um sich an irgend jemandem zu rächen, hintergründig aber, um nicht allein sterben zu müssen. Im Vorgriff auf sein eigenes Todesschicksal versucht er, andere mit in den Tod hineinzureißen. Das große Exempel hierfür heißt *Adolf Hitler*. *Hitler* mußte von einem bestimmten Zeitpunkt an wissen, daß der Krieg hoffnungslos verloren war; von diesem Zeitpunkt an hatte er nur noch ein Ziel, wie *Sebastian Haffner* in seinen ‚Anmerkungen zu Hitler' überzeugend dargetan hat: möglichst viele in sein Verderben hineinzureißen. Auch dem deutschen Volk sollte es nicht besser ergehen; deswegen, gegen Ende des Krieges, die Zerstörung der gesellschaftlichen Infrastruktur und der Lebensgrundlagen. Auch das deutsche Volk sollte mit in seinen Selbstmord hineingerissen werden. Dies war das der Welt gegebene Paradigma des Mörders.

Aber es gibt noch eine andere Form des Mordens, nämlich den Haß. Eine der erschütterndsten Aussage des Ersten Johannesbriefes lautet: „Jeder, der seinen Bruder haßt, ist ein Mörder" (1Joh 3,15), denn der Hassende streicht den Anderen tendenziell aus seinem Lebenskonzept aus; der Andere soll für ihn nicht mehr dasein. Er will ihn zwar nicht physisch umbringen, aber der Andere soll in seinem Lebenskonzept nicht mehr vorkommen. Insofern hat diese Briefstelle ihre volle Berechtigung: Der Haß ist eine Form des Mordens, und in dieser Hinsicht ist der Tod in der Tat die Wurzel des Bösen in dieser Welt.

H: Wenn ich das noch einmal kurz zusammenfasse, so ist im Grunde genommen die Erkenntnis der Kontingenz, der Endlichkeit, die Ursache der Sünde. Aber Sie sprachen vorhin von zwei Möglichkeiten der Reaktion: einer negativen, die Sie ausführlich dargestellt haben, und einer positiven. Wie sieht diese positive Verarbeitung aus? Muß sie nicht erklären können, daß es irgendeinen Sinn für menschliches Leiden gibt?

B: Wir können uns dem in zweifacher Weise nähern, indem wir zunächst einmal sagen: Leiden ist keine Strafe Gottes, denn das ist diesem bedingungslos liebenden Gott absolut ungemäß. Die große französische Mystikerin *Simone Weil* hat gesagt: „Leiden ist ein Gefäß, in das sich die Liebe Gottes vorzugsweise hineinbegibt." Leiden hat Sinn. Und der große Denker, der unter dem Pseudonym *Dionysios Areopagita* geschrieben hat, sagte: „Gott wird mehr durch Leiden als durch Forschen erkannt." Sinnfindung im Leiden ist also die eine Antwort.

Aber die andere, wichtigere Antwort auf die Problematik der Todüberwindung ist das, was im Zentrum des Christentums steht, die Auferstehung Jesu. Sie ist gerade nicht, wie immer wieder hervorgehoben werden muß, ein Ereignis, das nur Jesus persönlich betrifft und seine eigene Lebensgeschichte krönt, sondern ein Ereignis, in das wir alle hineingenommen sind. Deswegen kann man die kühne Formulierung wagen, daß der an die Auferstehung Glaubende den Tod bereits hinter sich hat, auch wenn ihm die Not des Sterbenmüssens noch bevorsteht. Allerdings macht es einen fundamentalen Unterschied, ob einer fürchtet, im Tod in einem bodenlosen Abgrund, im Abgrund des Nichts zu versinken, oder aber darauf vertraut, von den Armen Gottes aufgefangen zu werden. Das ist der große Unterschied und zugleich die wirkliche Lösung des Problems unseres Sterbenmüssens.

10. Die Todüberwindung

H: Unsere erfahrbare Wirklichkeit ist, es war immer wieder davon die Rede, durch einen gemeinsamen Grundzug gekennzeichnet: Sie ist kontingent, sie ist endlich. Gleichwohl nimmt der Mensch in dieser Wirklichkeit eine Sonderstellung ein, denn er ist das einzige Wesen, das sich seiner Endlichkeit bewußt ist und weiß, daß es unabänderlich sterben muß. Es gibt keinen vernünftigen Grund, an dieser Tatsache zu zweifeln. Diese Tatsache aber, daß der Mensch durch den Tod radikal in Frage gestellt ist, zwingt ihn nun mehr oder weniger, auf diese Herausforderung eine Antwort zu finden. Auch dort, wo er die Frage verdrängt, gibt er indirekt eine Antwort. Das hat zur Folge, daß es keine Kultur, keine Religion gibt, die sich nicht mit dem Problem des Todes auseinandersetzt. Im abendländischen Raum finden sich dazu drei Lösungsvorschläge: Der erste wäre der Nihilismus, der zweite wäre die Antwort der klassischen griechischen Philosophie mit ihrer Lehre von der Unsterblichkeit der Seele, und der dritte schließlich bestünde in der christlichen Hoffnung auf die Auferweckung der Toten. Wie steht es zunächst um den Lösungsvorschlag des Nihilismus?

B: Ich möchte zurückgreifen auf das, was Sie vorher gesagt haben, daß nämlich der Tod die große Infragestellung des menschlichen Lebens darstellt. Das menschliche Leben steht im Vorzeichen der Kontingenz oder, um es mit Paulus auszudrücken, es ist der Nichtigkeit unterworfen, womit ja bereits das Moment des Nihilismus zur Sprache kommt. Aber zuvor möchte ich noch auf ein geistesgeschichtliches Beispiel zurückblenden, das mit dem von uns wiederholt erwähnten *Augustinus* zu tun hat. In seinen Jugendjahren hatte *Augustinus* einen engen Freund, der wider Erwarten plötzlich starb. *Augustinus* berichtet in seinen ‚Bekenntnissen‘, daß dieser Tod sein ganzes Leben verfinstert habe, und daß aus dieser Verfinsterung eine Frage in ihm aufgestiegen sei: „Ich bin mir selbst zu einer großen Frage geworden – factus sum mihi quaestio magna." Auf diese Frage gibt es unterschiedliche Antworten, und selbstverständlich kann diese Frage auch negativ beantwortet werden – das wäre die Antwort des Nihilismus, demzufolge mit dem Tod alles aus und vorbei ist. Doch wie Sie vorhin sehr richtig bemerkt haben, wirkt jede Antwort auf die Lebensgestaltung zurück. Deswegen müssen wir von der nihilistischen Antwort annehmen, daß die, die sich auf sie einlassen, ihr ganzes Leben unter einem negativen Vorzeichen sehen. Wenn sich das Ende in der Negation verliert, dann ist es nicht mehr möglich, ihm einen positiven Sinn abzugewinnen. So schlägt die pessimistische Einschätzung des Todes auf die ganze Lebensgestaltung zurück.

Sie haben aber vorhin noch einen ganz anderen Begriff einfließen lassen, den ich im Blick auf unsere moderne Gesellschaft aufgreifen möchte. Sie sprachen von der Verdrängung. Wenn ich mit *Guardini* die moderne Gesellschaft in den Blick nehme, sehe ich eine Gesellschaft der versuchten Todesverdrängung, doch ganz läßt sich der Tod nicht verdrängen. Er spricht ja aus allen großen Zeugnissen, am deutlichsten vielleicht aus einem Grimmschen Märchen, dem Märchen ‚Gevatter Tod‘. Hier wird der Tod zwar überlistet, aber am Ende ist er es, der den, der ihn zu überlisten suchte, vor seinen Füßen niedersinken läßt. Der Tod läßt sich nicht aus unserer Lebenswelt ausschalten, auch wenn die heutige Gesellschaft diesen Versuch noch so oft unternimmt. *Guardini* wies bekanntlich darauf hin, daß es in unserer Gesellschaft im Grunde keine Friedhöfe mehr gibt. Sie seien in Parkanlagen umgefälscht worden; ebensowenig gebe es noch Leichenzüge und Totenklagen. All das ist beseitigt und verstummt, weil die heutige Gesellschaft mit dem Problem des Todes und des Sterbenmüssens nicht fertig wird.

In diesem Zusammenhang möchte ich noch auf etwas anderes hinweisen. Mir ist dieser Tage wieder einmal das 28. Kapitel des Buches Jesaja in die Hand gekommen. Darin steht der Satz, wonach die Spötter in Jerusalem einen Pakt mit der Unterwelt geschlossen und sich mit dem Tod verbündet haben. Sinngemäß lautet er: „Wir haben einen Bund mit dem Tod geschlossen, uns kann nichts mehr widerfahren; selbst wenn die Fluten über uns hereinbrechen, werden sie uns nicht wegschwemmen" (Jes 28,15). Doch der Prophet widerspricht ihnen, denn die Spötter erliegen einer großen Selbstillusion.

So wird man sagen müssen, daß der Tod sich weder durch Verdrängung noch durch Fraternisierung, wie im letzten Fall, aus der Welt des Menschen verdrängen läßt. Das bedeutet positiv, daß der Tod bewältigt werden muß. Was das betrifft, so haben Sie zu Recht darauf hingewiesen, daß es in den großen Kulturkreisen ganz unterschiedliche Formen der Todesbewältigung gibt, wie zum Beispiel die griechisch-römische – vielleicht können Sie auf diese kurz eingehen – und die christliche.

H: Die griechische Philosophie geht davon aus, daß der Mensch im Grunde genommen eine zufällige Vereinzelung des absoluten Geistes ist.

Implizit führt dieser Gedanke auch zu einer Verdrängung oder Entwirklichung des Todes. Zu Beginn des Dialogs ‚Phaidon' sagt *Plato*, der eigentliche Philosoph müsse unbedingt darauf bedacht sein, möglichst bald zu sterben, denn der Tod bedeute die Befreiung der Geistseele aus ihrer Verknechtung durch den Leib. In dieser Konzeption wird dem Tod der existentielle Ernst genommen – er verliert im Grunde seine Bedeutung. Es ist eine bloße Zufälligkeit, wenn eine Geistseele in die „Gefangenschaft" des Leibes gerät; sobald sie den Leib verläßt, ist sie wieder befreit und kehrt in die Welt des Geistes zurück. Der Ernst des Todes, der erst im Christentum voll zum Bewußtsein und damit zur Geltung kommt, ist hier völlig unterminiert. Das wirkt sich wiederum auf das Leben aus – wir haben ja vorhin davon gesprochen, daß die Antwort auf die Frage nach dem Tod nicht primär eine Antwort auf eine Zukunftshoffnung sein kann, sondern eine Antwort auf die Frage nach der Bewältigung des jeweils aktuellen Lebens geben muß.

Durch solch eine Annahme, wie sie uns in der klassischen griechischen Philosophie begegnet, wird unsere erfahrbare Welt im Grunde genommen völlig gegenstandslos. Auch die Leistung, die der Einzelne erbringt, verliert ihre Bedeutung. Er muß nur dafür sorgen, daß die Art „Mensch" erhalten bleibt, damit ist seine Aufgabe getan. Hier muß noch einmal betont werden, daß solch eine anthropologische Vorstellung mit dem Christentum nicht kompatibel ist. Auch wenn viele Christen die Aussage, daß es keine unsterbliche Seele gebe, völlig irritiert, so sind sie doch irritiert durch eine spezifisch christliche Aussage, und das Christentum hat nun einmal Aussagen, die den Menschen irritieren können, weil es ihm ein völlig neues Weltverständnis vor Augen führt. Deshalb also der Hinweis auf das christliche Bekenntnis zur Auferweckung der *Toten* und nicht etwa zur Auferweckung des *Leibes*. Das ist die korrekte Formulierung für diesen Sachverhalt.

B: Darauf muß ich noch einmal mit allem Nachdruck eingehen, denn die Vorstellung einer unabhängig vom Organismus und vom Gehirn fortlebenden Seele ist, wie Sie bereits gesagt haben, im Grunde absurd. Sie ist auch absolut nicht christlich, denn das Christentum kennt nur den Menschen mit Leib und Seele, bei dem diese beiden Wirklichkeiten unentflechtbar und integrierend miteinander verbunden sind. Deswegen stellt sich für das Christentum die Frage „Wie geht es nach dem Tod weiter?" in einer viel radikaleren Form. Man könnte sogar sagen, daß alle anderen Religionen, die selbstverständlich auch eine Antwort zu geben versuchen, nur eine beschwichtigende Antwort geben, eine den Menschen nur in mancher

Hinsicht befriedigende, aber gerade deswegen unzulängliche Antwort. Einzig das Christentum ist die Religion der Todesbewältigung. Und das hängt nach alledem, was wir in dieser Sendereihe miteinander erarbeitet haben, mit dem zentralen Geheimnis des Christentums zusammen. Das ist und bleibt die Auferstehung Jesu.

Seine Auferstehung, die oft als ein Mirakel, das ihm und nur ihm persönlich widerfahren ist, mißverstanden wird, ist in Wirklichkeit ein Weltereignis. In diese Auferstehung Jesu sind wir hineingenommen, da er nicht für sich selbst gekreuzigt und auferweckt worden ist, sondern für das Heil der Welt. In diesem Zusammenhang muß man sich fragen, was die Auferstehung für Jesus, den Gekreuzigten, selber bedeutet. Die Antwort kann nur lauten: Er wird aufgenommen in die Lebensfülle Gottes. Er partizipiert fortan an der göttlichen Allwissenheit, an der göttlichen Allmacht und am göttlichen Schöpfertum. Deswegen konnten für Jesus später Präexistenzaussagen gemacht werden. Es ist ja ungeheuerlich, wenn der Kolosserbrief von diesem Mann aus Nazareth die Aussage macht, daß in ihm alles geschaffen ist, im Himmel wie auf Erden, und daß das All in ihm Bestand habe (Kol 1,16 f.). Man muß sich einmal vorstellen, was das bedeutet! Das ist der zentrale Gedanke von der Auferstehung Jesu, und der tangiert uns in unserer Existenztiefe. Wir sind in die Auferstehung hineingenommen, natürlich nicht im völlig univoken Sinn wie er, aber in einem analogen Sinn, so daß auch wir an der göttlichen Allwissenheit, an der göttlichen Allweisheit und an der göttlichen Allmacht partizipieren und insofern ein wahrhaft göttliches Leben gewärtigen können. Das ist die beglückende Antwort auf die Frage nach dem Sterben.

Vorhin haben Sie angedeutet, daß der Grieche eigentlich glücklich sein mußte, wenn er sterben konnte, daß es ein Glück für ihn war, sterben zu dürfen. Ich sehe im Christentum ein ganz anderes Glück, nämlich das Glück, durch den Tod in das wahre Leben einzugehen und am göttlichen Leben, an der göttlichen Lebensfülle teilzunehmen. Das ist der Trost, den das Christentum bereithält. Das heißt dann auch, daß wir uns in keiner Weise vorstellen können, wie es im Jenseits weitergeht, obwohl man immer wieder versucht hat, sich das auszumalen, bis hin zu der berührenden Geschichte vom ‚Brandner Kaspar‘ nach *Franz von Kobell*. Vielmehr sollten wir uns von Gott überraschen lassen – wie an einem Weihnachtsabend, wenn die Türen aufgehen und vor den blitzenden Augen der Kinder etwas erscheint, womit sie überhaupt nicht gerechnet haben, nämlich der im Lichterglanz strahlende Weihnachtsbaum. So ungefähr stelle ich mir mein eigenes Sterben vor: Ich lasse mich von Gott überraschen.

H: Jetzt müssen wir vielleicht doch noch kurz auf die selbst für Christen durchaus gängigen Vorstellungen zurückgreifen, z. B. auf die Vorstellung, daß es eine unsterbliche Seele gebe, und daß sich irgendwann am Ende der Zeiten die Auferweckung des Leichnams ereigne. Schon vom christlichen Verständnis des Menschen her ist das nicht nachvollziehbar, weshalb wir fragen müssen: Was ist denn überhaupt denkbar? Möglich ist nur jener eine Gedanke, daß Tod und Auferstehung ein identisches Geschehen sind. Was von unserer Seite her gesehen Tod ist, das ist nach der Seite der Überwindung der Raum- und Zeitgrenze die Auferweckung der Toten durch Gott selbst. Wenn man diesen Prozeß so versteht, dann ist auch die Sorge überwunden, die viele Menschen haben, daß im Grunde genommen mit dem Tod alles zu Ende sein könnte. Es ist nötig, sich dies immer wieder zu vergegenwärtigen, weil diese wie alle anderen möglichen Lebensanschauungen unser Verhalten in dieser Welt beeinflussen: Konzentriere ich mich ausschließlich auf das Jenseits, dann versage ich mich meiner Aufgabe, die ich als Christ in dieser Welt hier und jetzt zu erfüllen habe, nämlich mich selbst zu verwirklichen und auf diese Weise meinen Beitrag zum Ganzen zu leisten.

B: Da kann ich nur zustimmen. Vielleicht ist dies das wichtigste Resultat unseres Gespräches, die Einsicht nämlich, daß das Verhältnis zum Tod und zum eigenen Sterben zurückschlägt auf die Lebensgestaltung, und daß im Fall einer Hoffnung auf ein ewiges Leben und eine Aufnahme in die Lebensfülle Gottes unser Leben ein völlig neues Gesicht bekommt, und sich die wirklich großen Aufgaben stellen.

11. Die Angstüberwindung

H: Wenn man ein Phänomen verstehen will, muß man nach dessen Ursachen fragen. Das bedeutet, daß wir uns, wenn wir über das Phänomen „Angst" sprechen wollen, fragen müssen, worin der letzte Grund dafür liegt, daß die Angst eine so zentrale Rolle im Dasein des Menschen spielt. Bei dieser Suche nach der Ursache stoßen wir am Ende auf die Tatsache des Todes. Daß der Mensch endlich ist, daß er radikal in Frage gestellt ist, führt zu einer Grundangst, die sich in vielen Arten und Formen innerhalb des Lebens auswirkt, ohne daß man sich im Einzelfall dessen bewußt ist, wo die letzte Wurzel dafür liegt. Über die Verzweigung der Angst und ihr Auftreten innerhalb des menschlichen Lebens sollten wir uns deshalb unterhalten.

B: Wir haben das ja schon einmal angesprochen, und zwar im Zusammenhang mit den zwei großen Dichtern, die leider weitgehend in Vergessenheit geraten sind, *Werner Bergengruen*, den ich schon einmal erwähnt habe, und die bisher noch nicht genannte *Gertrud von le Fort*. Sie
hat eine meisterliche Novelle geschrieben, ,Die Letzte am Schafott', die
Francis Poulenc zu einer Oper ausgestaltete. Darin steht der Satz: „Wir
haben uns alle nicht genug gefürchtet." Angst ist ein großes Kapitel. Damit
hat *von le Fort* gleichsam den Grundton der heutigen Befindlichkeit ange-
geben. Auch *Bergengruen* hat in seinem Roman ,Am Himmel wie auf
Erden' das Unwesen der Angst auf eine, wie mir scheint, unübertreffliche
Weise beschrieben. Ich darf das noch einmal in Erinnerung rufen: „Angst
ist die teuflische Mitgift des Menschengeschlechtes, und ihre Dämonie besteht darin, daß sie unter ihren dauernd wechselnden Masken stets dieje-
nige auswählt, die ihren Opfern am schrecklichsten einleuchtet." Eingeleuchtet hat dem mittelalterlichen Menschen die Hexenangst; eingeleuchtet hat dem Menschen der Reformationszeit die Teufelsangst; eingeleuchtet
hat dem großen *Pascal* die Weltenangst, die Angst des Verlorenseins im
Kosmos; und uns leuchtet heute eine Fülle von Ängsten ein. Vielleicht ist
gerade die kosmische Angst besonders bedeutungsvoll, denn sie besagt
einerseits, daß man in den Kosmos eingeschlossen ist, in anderer Hinsicht
aber auch, daß man sich im Kosmos verlieren kann, weil er, wie die heutige
Astrophysik zeigt, derartig gigantische Ausmaße besitzt, daß der Mensch
darin fast verschwindet.

Das sind die beiden Grundformen der Angst – eine Inklusionsangst und
eine Isolationsangst. Es stellt sich daher die Frage, was uns denn letztlich
ängstigt. Es sind zweifellos drei Gegebenheiten: der Kosmos, also die Welt,
die Gesellschaft und wir selbst. Das führt schließlich noch tiefer zurück auf
die Frage, welches denn eigentlich die Pfahlwurzeln der Angst sind. Die
Angst muß ja ganz zentrale Veranlassungen haben. Und da wird man
sagen müssen: Es ist auf der einen Seite die Angst vor dem Allergrößten,
das ist Gott, dann die Angst vor dem uns Umgebenden, das ist die Welt in
ihrer Doppelgestalt als Kosmos und Gesellschaft. Und es ist die Angst,
die man sich am allerwenigsten eingesteht, nämlich die Angst vor uns
selbst.

Beginnen wir mit der Angst vor Gott. Es ist zweifellos die große Gemeinsamkeit in sämtlichen Religionen, daß Gott zwiespältig, ambivalent
gedacht wird. Auf der einen Seite ist er der gütige Helfer seiner Geschöpfe,
die er mit seiner Weisheit und Allmacht erschaffen hat, aber auf der anderen Seite auch der unnachsichtige Richter, wenn seine Geschöpfe versagen,

wenn sie sich gegen seinen Willen empören, wenn sie, alttestamentlich ausgedrückt, den Bund mit ihm brechen, denn dann wird er sie heimsuchen mit seinen Strafgerichten. Dieser Gott ist selbstverständlich eine fundamentale Veranlassung der Angst. Und der Atheist kann sich nicht einbilden, dieser Angst entronnen zu sein, denn auch er braucht ein letztlich Umgreifendes, wie *Karl Jaspers* gesagt hat, und auch für ihn ist dieses letztlich Umgreifende nicht nur etwas Bergendes, sondern etwas Unheimliches, etwas Zerstörerisches; auch er hat in irgendeiner Form teil an der Gottesangst, von der er auf seine Weise befallen ist.

H: Wenn sich das Christentum selbst gerecht werden will und den Gott der vorbehaltlosen Liebe verkündet, wird dieser Gott dann trotzdem auch noch Angst hervorrufen? Oder handelt es sich bei der Gottesangst nur um eine Vorstellung, die wir beibehalten, weil wir mit ihr aufgewachsen sind? Wird also auch das christliche Gottesbild noch Angst hervorrufen? Und falls nicht, wären dann damit die anderen Ängste, die Sie angesprochen haben, auch eingeholt und aufgehoben?

B: Das ist eine wichtige Frage, und ich denke, unsere Gespräche, die wir miteinander führten und führen, haben nicht zuletzt den Sinn, dem Menschen die Gottesangst aus der Seele zu nehmen; denn Sie sagen ganz richtig, daß, wenn diese nicht mehr gegeben ist, auch alle anderen Ängste, wenn nicht gegenstandslos, so doch wenigstens überwindbar werden. Das möchte ich jetzt zeigen.

Was wir immer wieder angesprochen haben, ist die große Lebensleistung Jesu, die zweifellos darin besteht, daß er mit dem ambivalenten Gottesbild der ganzen Religionsgeschichte gebrochen hat und durch die Entdeckung des bedingungslos liebenden Gottes als der größte Revolutionär in diese Religionsgeschichte einging. Denn er kommt, wie es im Eingang des Johannesevangeliums heißt, „vom Herzen Gottes" (Joh 1,18), und seine Sendung ist ein einziger Liebeserweis. Er kann also aus diesen zwei Gründen gar nichts anderes gesagt haben als dies eine, daß Gott die Liebe ist. Darum heißt es auch auf der höchsten Stufe der neutestamentlichen Reflexion, im großen Johannesbrief: „Gott ist die Liebe" (1Joh 4,8.16). Das ist die Antwort des Neuen Testaments auf die Gottesfrage. Es gibt diese Antwort, weil Jesus sie selbst entdeckt, erschlossen, verkündet, gelebt und mit seinem Tod besiegelt hat. Das heißt jetzt, um noch einmal Ihren Gedanken aufzugreifen: Wir haben keinen Gott, der gefürchtet werden muß, weil er nicht gefürchtet werden will und nicht gefürchtet werden darf. Wer also rückfällig wird in die Gottesangst, hat im Grunde die Gottesbotschaft Jesu verraten, hat sich außerhalb des Horizonts dessen gestellt,

was Jesus den Menschen als die große Beglückung gebracht hat. Wir dürfen Gott nicht fürchten, weil er nicht gefürchtet werden will und nicht gefürchtet werden kann! Wie Sie ganz richtig gesagt haben, ist darin auch die
Überwindung der beiden anderen Ängste eingeschlossen.

Denn das Zweite, wovor wir uns fürchten, ist die Gesellschaft. Und die
Gesellschaft tritt uns konkret im Mitmenschen entgegen. Wir haben uns in
einem der früheren Gespräche einmal klargemacht, daß wir ohne den Mitmenschen nicht leben, nicht denken und nicht existieren können – ohne
den Mitmenschen keine Sprache, keine Kultur, ohne den Mitmenschen
keine Liebe. Wir sind also vollkommen an ihn verwiesen. Aber auf der anderen Seite beweist die Geschichte der Mitmenschlichkeit – es handelt sich
um eine eminent tragische Geschichte –, daß dieses Verhältnis brüchig ist,
daß viele den Partner von heute in einigen Jahren nicht mehr ausstehen
können und ihn dann aus dem Konzept ihres Lebens streichen möchten.
Das heißt, daß das Verhältnis zum Mitmenschen ebenfalls ambivalent ist.
Und da greift wiederum die Botschaft Jesu mit der Forderung ein: Du
sollst deinen Nächsten lieben wie dich selbst!

Der von uns wiederholt zitierte dänische Religionsphilosoph *Sören Kierkegaard* hat gemeint, das sei noch zu schwach übersetzt, es müsse besser
übersetzt werden, also nicht: Liebe ihn wie dich selbst, sondern: als dich
selbst. Erkenne, daß dein Leben in ihm auf dem Spiel steht, daß er das
Ebenbild deines Lebens ist. Das hat dann zur Konsequenz, daß, wenn du
ihn annimmst, du im Grunde in ihm dich selber annimmst und die Annahme deiner selbst vollziehst, von der wir mit *Romano Guardini* gesagt
haben, daß sie das Fundament aller Tugenden ist. Aber das hat auch seine
Schattenseite: Wenn du ihn verwirfst, wenn du ihn ablehnst, wenn du ihn
haßt, dann vernichtest du im Grunde dich selbst. Das ist die große Botschaft, von der *Kierkegaard* gesprochen hat. Wie ein Ringer umfängt uns
dieses Wort und erstickt in uns alles, was den Mitmenschen hassen und
ablehnen könnte, und zwingt uns in die Liebe zu ihm hinein.

Aber dann gibt es noch die letzte Angst, und sie ist zweifellos die unheimlichste; sie ist sogar so unheimlich, daß wir sie uns gar nicht eingestehen. Es ist die Angst des Menschen vor sich selbst. Wer auch nur ein wenig
Lebenserfahrung hat, weiß, daß uns nichts einfach nur zu Gebote steht.
Alles ist Geschenk, in allem werden wir beglückt und beschenkt. Wenn wir
heute noch denken und reden können, so liegt das nicht einfach in unserer
Hand; wir können darüber nicht verfügen, es ist uns gegeben. Das hängt
mit dem zusammen, was Sie wiederholt als die „Kontingenz" des Daseins
angesprochen haben, „es ist uns gegeben". Das ist die Grundgegebenheit.

Deswegen die Angst, daß das eines Tages nicht mehr gegeben sein könnte, daß eine Störung in unserem Gehirn uns unfähig machen könnte zu reden, zu handeln, zu entscheiden, ja um uns zu wissen. Das hat eine tiefe Verunsicherung zur Folge, was heißt, daß wir unserer selbst nie ganz sicher sein können. Und das hat außerdem eine historische Bewandtnis. Heute fällt es leicht, über all die den Stab zu brechen, die unter den Diktaturen versagt haben; aber unter den damaligen Verhältnissen sahen die Dinge doch ganz anders aus; denn niemand konnte das Ende der Diktaturen absehen. Deswegen macht man es sich heute zu leicht, wenn man über die, die damals versagt haben, den Stab bricht, so traurig dieses Versagen auch immer war.

Letztlich heißt das, daß wir unserer selbst auch in moralischer Hinsicht nie ganz sicher sein können. Heute sind wir noch Tugendhelden, morgen vielleicht das Gegenteil davon. Das hat eine tiefe Verunsicherung sogar in unserem Selbstverhältnis zur Folge. Wir bräuchten eine Hilfe, die uns aus diesem Tief heraushoit. Und genau diese Hilfe bietet nun die christliche Antwort auf das, was wir sind. Diese Antwort heißt „Gotteskindschaft". Wir sind als Gotteskinder zwar nach wie vor hinfällige, versuchliche Menschen, aber ungeachtet dieser Versuchlichkeit sind wir an das Herz Gottes gezogen und als solche aufgenommen in seine Liebe. Diese Liebe überblendet all unsere Schwäche, und auf diese Liebe dürfen wir vertrauen. Deswegen liegt hier der Schlüssel zur dritten und schwersten Angstproblematik. Wir überwinden die Lebensangst oder, wie ich sie jetzt exakter bezeichnen möchte, die Existenzangst im Gedanken an unsere Berufung zur Gotteskindschaft. Darauf kommt es an.

H: Damit ist aber gesagt, daß der Glaube im christlichen Verständnis unsere Problematik nicht einfach beseitigt, sondern daß wir in einem Entwicklungsprozeß stehen, in dem wir uns auf die Hoffnung hin bemühen, diese Grundangst und die daraus resultierenden anderen Ängste überwinden zu können, auch wenn wir dieses Ziel auf Erden nie endgültig erreichen werden.

12. Gotteskindschaft

H: Mit unseren Überlegungen zum christlichen Menschenverständnis setzten wir methodisch und der Natur der Sache gemäß bei der Erschaffung des Menschen und seiner Vollendung durch Gott an. Nun heißt es im Schöpfungsbericht: Gott schuf den Menschen nach seinem Bild und Gleichnis (Gen 1,27).

Sie bezeichnen die Gotteskindschaft als die Spitze, als das höchste Ziel, das der Mensch erreichen kann und wird. Dann müßte also die Entwicklung – sowohl gesamttheologisch wie auch individualmenschlich – in der Entfaltung des Menschen von der Gottebenbildlichkeit zur Gotteskindschaft liegen. Dazu möchte ich allerdings gleich eingangs eine gezielte Frage stellen: Wie können wir den Menschen als Ebenbild Gottes verstehen, wenn es uns doch ausdrücklich untersagt ist, uns ein Bild von Gott zu machen, und wenn es sich auch philosophisch von selbst versteht, daß wir keinen begriffenen Gott haben können, denn von einem begriffenen Gott können wir mit Sicherheit nur wissen, daß er nicht Gott ist. Vielleicht wäre diese Problematik zunächst vom Terminologischen her zu entfalten?

B: Sie haben Ihre Frage in den Kontext des Bilderverbotes gestellt. Das ist tatsächlich ganz zentral; gleichwohl wird man sagen müssen, daß das Neue Testament mit dem alttestamentlichen Bilderverbot schon dadurch gebrochen hat, daß sich Jesus selbst zum Bild Gottes erklärte. Er ist das Bild des unsichtbaren Gottes, so heißt es im Kolosserbrief (Kol 1,15) und im Johannesevangelium: „Wer mich gesehen hat, hat auch den Vater gesehen" (Joh 14,9). Das scheint wider in anderen Aussagen; deshalb wird man davon ausgehen müssen, daß das Bilderverbot neutestamentlich aufgehoben ist.

Doch zunächst einmal zurück zur alttestamentlichen Aussage, der Mensch sei zum Bilde Gottes geschaffen. Man wird sagen müssen, daß es sich hier um eine Aussage handelt, die über alles hinausgeht, was die philosophische Anthropologie jemals vom Menschen gesagt hat und sagen konnte. Daß er ein vernunftbegabtes Sinnenwesen ist, daß er ein Sozialwesen ist – das hat diese Anthropologie ans Licht gehoben, aber daß er das Bild und Ebenbild Gottes ist, das ist eine einmalige Leistung des Alten Testaments. Allerdings muß sie hinterfragt werden, denn wir müssen uns davon Rechenschaft geben, was denn mit dieser Aussage wirklich gemeint ist. Von diesem Wort geht eine gewisse Sprachverführung aus. Es verleitet uns dazu, eine Ähnlichkeit zwischen Gott und dem Menschen zu statuieren. Das ist aber nicht gemeint, sondern gemeint ist etwas, was mit dem Thronritual des Großkönigs in Babylonien zu tun hat. Der Großkönig setzte über eine bestimmte Provinz einen Satrapen ein und sprach bei dessen Ernennung das Wort: „Ich mache dich zu meinem Bild", was heißt: Ich ernenne dich zu meinem Stellvertreter. Du hast mich in deinem kleinen Machtbereich zu vertreten.

Wenn wir das zugrunde legen, wird uns vieles verständlicher, denn dann wird durch diese Bildaussage der Mensch als Statthalter Gottes im kleinen

Bereich seiner Welt eingesetzt. Er muß Gottes Dienste tun, Gottes Aufgaben erfüllen, Gottes Herrschaft ausführen, und das tut er dem biblischen Bericht zufolge, indem er den Tieren ihre Namen gibt und ihnen mit den Namen ihre Funktionen zuweist. Er ordnet also die Welt im Auftrag Gottes. Das ist der ursprüngliche Sinn der Gottebenbildlichkeit.

H: Das würde dann mit dem übereinstimmen, was *Thomas von Aquin* im 13. Jahrhundert ohne diese Kenntnisse, die Sie gerade angeführt haben, gesagt hat, nämlich daß die Gottebenbildlichkeit darin bestünde, daß der Mensch Herr seiner Handlungen ist und daß er Sorge zu tragen hat für sich und alles andere. Das wäre gewissermaßen die Analogie: So, wie sich Gott zur Schöpfung verhält, muß sich auch der Mensch in seinem Bereich zur vorhandenen Schöpfung verhalten.

B: Das ist eine sehr interessante Feststellung, daß ein großer Denker, auch ohne daß er diese philologischen und kulturgeschichtlichen Kenntnisse gehabt hat, instinktiv das erkennt, was in diesen Aussagen ursprünglich gemeint ist. Das zeugt von der Größe des *Thomas von Aquin*, der ja ohnedies in Ihrem Denken eine ganz besondere Rolle spielt. Doch jetzt zurück zur Frage der Gotteskindschaft! Wieso können wir sagen, daß das der Spitzenbegriff einer christlichen Anthropologie ist? Denn auch dieser Begriff ist mit einer Konnotation verbunden, die dazu verleitet, ihn im Sinn einer Infantilisierung des Menschen aufzufassen – und so ist die Gotteskindschaft auch vielfach mißverstanden worden. Deswegen ist dieser Begriff, besonders in Zeiten, die sich heroisch gefühlt haben, aus dem Vokabular der Christenheit weitgehend verschwunden. Wir müssen diesen Begriff in seine ursprüngliche Bedeutung zurückversetzen. Dazu gibt es Hilfen, von denen ich vor allen Dingen zwei nennen möchte. Sie kommen allerdings aus einem Bereich, an den man zuletzt denkt: aus dem antichristlichen Lager, repräsentiert durch *Friedrich Nietzsche* und durch *Sigmund Freud*.

Nietzsche, der Pfarrerssohn, der ursprünglich im Christentum beheimatet war, hat zu Beginn seines ‚Zarathustra' die Lehre von den drei Verwandlungen vorgetragen: Der Mensch muß zunächst in eine heteronome Verfassung geführt werden, damit er weiß, was er zu tun hat. Das ist die Stufe des Kamels. Doch diese unterste Stufe muß überwunden werden, denn der Mensch soll nicht fremdem Willen gehorchen, sondern dem eigenen. Die Heteronomie muß in die Autonomie aufgehoben werden. So wird das Kamel zum Löwen. Doch der Löwe muß sich seine Autonomie immer wieder neu beweisen. Deswegen muß auch der Löwe noch einmal überwunden werden. Das Größte und das Erfüllende ist das Kind, im Ver-

ständnis *Nietzsches* das „Weltenkind", und das heißt: der in sich ruhende
Mensch, der keine Befehle mehr braucht, sondern sich selber Gesetz ist,
weil er sich im Vollbesitz seiner Identität befindet. *Nietzsche* hat dann zwar
eine Zeitlang vom „Übermenschen" gesprochen; doch der Übermensch ist
gar nichts anderes als dieses Weltenkind, nur in einer anderen Ausdrucks-
weise.

Darauf baut der Zweite, *Sigmund Freud*, auf. Freud hat in seinem späten
Essay ‚Das Unbehagen in der Kultur‘ die ganze moderne Technikentwick-
lung vorweggenommen und gezeigt, wohin sie führt. In ihrer Weiterent-
wicklung zur Hochtechnik verwirklicht sie nicht mehr das, was der
Mensch nötig hat, so wie Technik es seit Urzeiten getan hat, vom Faustkeil
angefangen bis zum Flugzeug, diesen Instrumenten der Daseinserleichte-
rung. Vielmehr geht es in der Hochtechnik um das, wovon die Menschheit
seit Jahrtausenden geträumt hat: Sie träumte den Traum vom himmlischen Feuer des Prometheus, sie träumte den Traum von der Sternenreise, bei *Johann Wolfgang von Goethe* kommt sogar noch der Traum vom
„Homunkulus", von einem künstlich erzeugten Menschen, hinzu. Das
alles, so muß man im Sinne von *Freud* sagen, ist realisiert worden. Allerdings hat Freud nun auch die theologische Konsequenz daraus gezogen
und behauptet, daß durch diese Entwicklungen im Grunde göttliche
Eigenschaften in die Verfügungsgewalt des Menschen gelangt seien, der
Mensch wachse seither buchstäblich über sich hinaus. Allerdings werde er
dieser Eigenschaft noch nicht richtig froh, er habe noch Mühe, sie zu
adaptieren, und deswegen bringe er es nur zu einem „Prothesengott", wie
Freud ironisch hinzufügt.

Das ist in technologischer Perspektive nichts anderes als das, was *Nietzsche* mit seinem Weltenkind und dem Übermenschen gemeint hat. Gerade
diese beiden Vokabeln sind nun wirklich dazu angetan, uns das richtige
Verhältnis zur Gotteskindschaft und das richtige Verständnis von ihr nahezubringen, denn die Gotteskindschaft ist gar nichts anderes als das
christliche Pendant zu den beiden genannten Vorstellungen aus dem
atheistischen Lager. Jetzt müssen wir natürlich fragen, was Gotteskindschaft letztlich bedeutet, und wir sollten uns auch Rechenschaft darüber
geben, wie sie im Christentum verankert ist, denn, wie gesagt, dieser Begriff ist weitgehend aus dem Vokabular der christlichen Spiritualität verschwunden. Deswegen müssen die Quellen genannt werden, in denen
diese Gotteskindschaft verkündet wird.

Da sind selbstverständlich zuerst die Evangelien zu nennen. Vor allem
im Johannesevangelium ist im Gespräch Jesu mit seinem nächtlichen Be-

sucher Nikodemus die Rede davon, daß der Mensch aus dem Heiligen Geist wiedergeboren werden muß (Joh 3,1–13). Dann gibt es den großen Johannesbrief, in dem die Gotteskindschaft umfassend thematisiert wird, und zwar mit dem emphatischen Jubelruf: „Seht doch, welch große Liebe der Vater zu uns hegt, daß wir Kinder Gottes nicht nur heißen, sondern es sind" (1Joh 3,1). Damit erhebt sich das Christentum über alles, was jemals von der Philosophie oder auch vom Alten Testament über den Menschen ausgesagt werden konnte, zu einer Spitzenaussage, die einzigartig dasteht, nämlich der Gotteskindschaft. Erst jetzt sind wir, glaube ich, in der Lage, zu begreifen, was damit wirklich gemeint ist, ganz und gar nicht eine Infantilisierung, sondern das Größte, Erhabenste und Wunderbarste, was vom Menschen überhaupt gesagt werden kann.

H: Der Gedanke, den ich eingangs formuliert habe, wäre damit bestätigt. Die Individualgeschichte stellt im Grunde die Entwicklung hin zur Gotteskindschaft dar. Das gleiche bedeutet die universale Heilsgeschichte für die gesamte Welt: Erschaffung und Vollendung des Menschen sind auf das Ziel der Gotteskindschaft angelegt.

B: Was ich in diesem Zusammenhang vorgebracht habe, klang tatsächlich etwas individualistisch. Sie haben vollkommen recht mit der Behauptung: Gotteskindschaft ist das Ziel der ganzen Menschheit! Wer das näher bestätigt haben will, kann es bei Paulus nachlesen. Paulus hat im achten Kapitel des Römerbriefs eine großartige Perspektive der Menschheitsgeschichte entwickelt, ja in gewisser Hinsicht die ganze Evolutionstheorie vorweggenommen, wenn er sagt, daß die Schöpfung der Nichtigkeit unterworfen sei, daß sie in Wehen liege und stöhnend ihrer Vollendung entgegenstrebe (Röm 8,18–23). Die Vollendung besteht für ihn in der universal verstandenen Gotteskindschaft, die somit nicht nur das Individualziel des Einzelnen, sondern das Kollektivziel der ganzen Menschheitsentwicklung darstellt. Die ganze Menschheit strebt danach, in den Stand der Gotteskindschaft aufgenommen zu werden. Wenn wir jetzt abschließend fragen, was das bedeutet, dann gibt uns der evangelische Theologe *William Wrede* die wunderbare Antwort: „Jesus, der Sohn Gottes, gibt seine Gottessohnschaft auf und wird ein armseliger Mensch wie wir, damit wir Söhne und Töchter Gottes werden." Diese an uns verschenkte Gottessohnschaft Jesu ist der eigentliche Kern der Botschaft von unserer Gotteskindschaft.

13. Der Weg zum Glauben

H: Wir haben in unseren Gesprächen den Versuch gemacht, das Verständnis des Menschen aus christlichen Prinzipien heraus zu entwickeln. Ich hoffe, der Gedankengang war in sich schlüssig und unter diesem Gesichtspunkt überzeugend. Gleichwohl sehe ich mich mit einem schweren Problem konfrontiert. Wenn man diese Ausführungen hört, könnte man einwenden: Es wäre schön, wenn das Gesagte zuträfe. Worin liegt jedoch der innere Grund für die Evidenz und Glaubwürdigkeit dieser Aussagen? Wie kann ein Mensch daraufhin zu einem Glauben gelangen, der ihn nicht nur Sätze für wahr halten läßt, sondern ihn dazu veranlaßt, sich auf diese Wirklichkeit einzulassen, aus der heraus wir das Ganze zu entfalten versucht haben?

B: Das ist die Frage der Glaubensbegründung, die schon seit Jahrhunderten gestellt worden ist. Da gab es zuerst die sogenannte extrinsezistische Antwort, eine Antwort, die sich auf äußere Gründe gestützt hat und die auf all das verwies, was in sachlicher Hinsicht für die Wahrheit dessen spricht, was wir uns im Gespräch klargemacht haben. Aber es gab dann gegen Ende des 19. Jahrhunderts den großen französischen Philosophen *Maurice Blondel*, der eine ganz andere Antwort gab. Diese war damals zwar höchst unpopulär, aber sie leuchtet in Wirklichkeit als einzige ein. Seine Antwort lautete: Wir glauben an das Christentum, an die christliche Botschaft und an die Auskunft, die das Christentum zur Frage nach dem Menschen gibt, weil sie unseren innersten Sehnsüchten und Erwartungen entspricht. Sie geht auf uns in einer Weise ein, daß wir in ihr unsere Erfüllung finden, denn sie gibt uns die Antwort auf die Frage nach dem Sinn unseres Lebens und damit auf die Grundfrage des Menschen.

Wir haben vorhin nochmals *Augustins* Wort angesprochen – „factus sum mihi quaestio magna", ich bin mir selber zu einer großen Frage geworden. Wenn man sich fragt, worauf diese Frage zielt, kann das nichts anderes sein als der Sinn des Menschseins. Auch wenn es in der heutigen Lebenswelt Tendenzen gibt, dem Menschen die Sinnfrage auszureden, so ist das eine frustrierende und den Menschen im Grunde entwürdigende Antwort, denn sie blendet gerade das aus, was seinem Dasein Sinn, Charakter und Bedeutung verleiht. Kein Mensch möchte sich bedeutungslos wie ein vom Wind weggewehtes Blatt vorkommen. Er möchte Bedeutung haben, er möchte mit seinem Leben Sinn verbinden und wird daher der christlichen Religion, die eine Antwort zu bieten vermag, zustimmen, und zwar aus existentiellen Gründen, nicht nur aus wahrheitstheoretischen, aus Gründen also, die aus seinem innersten Bedürfnis erwachsen.

H: Im Grunde stoßen wir damit wieder auf das Zentralanliegen Ihrer gesamten Theologie. Sie sind Existentialphilosoph und Existenztheologe, wenn ich das so formulieren darf, das heißt also, Sie haben Ihren Ansatz so gewählt, daß man zuerst die Existenzsituation des Menschen in der jeweiligen Zeit analysieren muß, um dann zeigen zu können, daß die Selbsterschließung Gottes in Jesus Christus die Antwort auf diese von der jeweiligen Existenz aus gestellte Sinnfrage geben kann. Damit wird ein zweiter Leitgedanke Ihrer Theologie, nämlich die sogenannte „Glaubenswende", thematisiert. Nun kann Glaube nicht mehr als ein Fürwahrhalten von Sätzen verstanden werden, sondern bedeutet, sich auf diese Botschaft einzulassen und im Vollzug des Sich-Einlassens die innere Evidenz und die innere Wahrheit dieser Botschaft zu erfahren.

B: Das ist ganz richtig. Ich bin dankbar dafür, daß wir auf diese Perspektive noch eingehen können, denn der Glaube der Gegenwart ist eben nicht mehr der Glaube der Vergangenheit, sosehr er in seinem Kern mit diesem identisch ist: Der Glaube kann zwar im tiefsten Sinne nie ein anderer als er selber sein, doch kann er in immer neue Beleuchtungen treten, in immer neuen Perspektiven aufscheinen. So habe ich denn immer schon unterschieden zwischen einem Gehorsamsglauben, einem Satzglauben, einem Leistungsglauben und einem Innerlichkeitsglauben. Ich bin davon überzeugt, daß wir eine Wende vom Gehorsamsglauben zum Verstehensglauben durchlaufen haben, was gerade auch den Einsichten heutiger Spiritualität entspricht. Ein Gott, der sich offenbart, will dem Menschen keinen, wie *Blondel* betonte, „Ukas" aufzwingen; vielmehr offenbart er sich, um vom Menschen verstanden zu werden. Er ist der Lehrer im exzeptionellen Sinn und zielt auf das Wunder des Verstehens, das sich in unserem Glauben ereignet.

Allerdings besitzt der Glaube noch eine tiefere Perspektive, da er nicht nur Gegenstandsglaube ist, der sich an bestimmten Sätzen und Gegebenheiten festmacht, sondern ein Innerlichkeitsglaube. Nachdem wir uns Gedanken gemacht haben über die Gotteskindschaft, müssen wir jetzt noch ein Letztes bedenken, das mit dem Kern des ganzen Christentums in seiner konkreten Selbstdarstellung zusammenhängt. Der Münchner Theologe *Gottlieb Söhngen* hat einmal beklagt, daß der Zentralgedanke der Einwohnung Christi im Herzen der Glaubenden im heutigen Glaubensbewußtsein verlorengegangen sei. Wer aber einen Blick in die Evangelien und vor allem ins Briefwerk des Neuen Testaments wirft, der wird die These *Söhn-*

gens von der Zentralstellung der Einwohnung Christi bestätigt sehen. Jesus unterscheidet sich nämlich von allen anderen Religionsstiftern auch dadurch, daß er nicht außer uns bleibt, sondern in uns Wohnung nehmen will. „Wenn einer mich liebt", heißt es im Johannesevangelium, „wird auch mein Vater ihn lieben, und wir werden kommen und Wohnung bei ihm nehmen" (Joh 14,23). „Christus ist in euch. Er ist die Hoffnung auf Herrlichkeit", so stimmt der Kolosserbrief (Kol 1,27) zu. Das setzt sich fort im Gebetswort des Epheserbriefs, daß Christus durch den Glauben in unseren Herzen wohnen möge (Eph 3,17).

Es handelt sich also um eine eindeutige neutestamentliche Lehre, die nach *Söhngen* bedauerlicherweise in Vergessenheit geraten war. Sie muß nach meinem Verständnis heute neu ins Bewußtsein gehoben werden, denn die von mir erarbeitete und jetzt in unseren Gesprächen dargestellte Theologie hat ja im allerletzten Sinne nur den Wunsch und das Ziel, diesen Gedanken wieder ins Bewußtsein der Glaubenden zu heben und ihnen dadurch zur Sinnerfüllung zu verhelfen.

H: In diesen Überlegungen zeichnet sich eine Entwicklung ab, welche die offizielle Theologie zwischen dem Ersten und Zweiten Vatikanischen Konzil durchlaufen hat. Im Ersten Vatikanum wurde Offenbarung noch als lehrhafte Mitteilung von Wahrheiten verstanden. Demgegenüber ist im Zweiten Vatikanum von der Selbstmitteilung die Rede. Ich denke, genau das ist der Punkt, wo die Selbstmitteilung Gottes zur Gotteskindschaft führt, und wo Ursprung und Ziel Ihrer Theologie erreicht sind.

B: Unbedingt! Aber es müssen jetzt noch zwei Perspektiven hinzugenommen werden. Wir verdanken es ausgerechnet *Kant*, dem großen Theoretiker der Aufklärung, daß er eine Seite am Christentum entdeckt hat, die den meisten Christen in dieser Form gar nicht bewußt gewesen ist. Er hat 1795 den kleinen Essay ‚Über das Ende aller Dinge' geschrieben und darin den Gedanken entwickelt, daß das Christentum im Unterschied zu allen anderen Religionen über etwas verfüge, was keine andere Religion vorweisen kann, nämlich die Perspektive der Liebenswürdigkeit. Diese Liebenswürdigkeit des Christentums bringe es dahin, daß seine Anhänger das, was sie tun sollen, auch gerne tun. Das ist der erste Gedanke, den ich herausstellen möchte. Im Grunde bestand ja all unser Bemühen in diesen Gesprächen darin, die Liebenswürdigkeit des Christentums neu zu entdecken und den Menschen vor Augen zu führen.

Dann gibt es noch den zweiten Gedanken, der aufs engste mit dem ersten zusammenhängt. Er bringt die Tatsache zum Ausdruck, daß das Christentum im Unterschied zu allen anderen Religionen keine Bevormundung des Menschen sein will, auch keine Direktive geben will, wie er sein Dasein zu gestalten habe, sondern daß es sich als eine Einladung versteht. Ich bezeichne daher das Christentum als die größte Liebeserklärung Gottes an die Welt. Selbstverständlich kann man das nicht sagen ohne das schmerzliche Bedauern, daß diese Liebeserklärung Gottes nur allzuoft in eine Kriegserklärung umgefälscht worden ist. Das war ein massives Fehlverständnis von Christentum. Wenn im Christentum das, was wir als Essenz der Lebensleistung Jesu herausgearbeitet haben, zentraler Inhalt ist, wenn also Jesus den bedingungslos liebenden Gott entdeckt und dadurch der Denkweise der Gewalt den endgültigen Abschied gegeben hat, wenn er somit versuchte, die ganze menschliche Denkweise auf eine neue Ebene zu heben und zu zeigen, daß Gewaltlosigkeit der bessere Weg zur Problemlösung sowohl in politischer und wirtschaftlicher, als auch in kultureller Hinsicht ist, dann ergibt sich daraus, daß von einer Kriegserklärung nie mehr die Rede sein kann. Das Christentum erreicht seine Ziele nicht durch Drohung, nicht durch die Ankündigung von Strafgerichten, sondern allein dadurch, daß es uns das Herz Gottes öffnet, daß es uns an dieses Herz zieht, und daß wir darin den entdecken, der uns auf unsere Sinnfrage die erfüllende Antwort gibt.

Die Sinnfrage ist aber nicht so geartet, daß sie auf eine thematische Antwort ausgeht – ein weitverbreitetes Mißverständnis. Vielmehr muß es, wie *Paul Watzlawick* einmal gesagt hat, soweit kommen, daß die Belästigung durch die Sinnfrage von uns genommen wird. Und sie wird dann von uns genommen, wenn wir uns geliebt fühlen. Wenn ein Mensch das Gefühl hat, von einem andern geliebt zu werden, oder wenn er gar das Gefühl haben darf, von Gott geliebt zu werden, so stellt sich ihm die Sinnfrage nicht mehr. Dann weiß er, wohin er gehört, da die Sinnfrage letztlich zurückgeht auf die Gottesfrage im Paradies (Gen 3,9): „Wo bist du?" Dann weiß der Mensch, worin er aufgehoben ist, wo er sein innerstes Zuhause und seine innerste Geborgenheit findet, und dann vermag er ebenso seines Lebens wie seines Glaubens froh zu werden. Das ist das Ziel, das wir mit diesen Gesprächen verfolgt haben. Wir können nur hoffen, daß sie ein Beitrag waren, um möglichst vielen von denen, die diese Gespräche mitverfolgt haben, zu innerer Sinnerfüllung und damit zum Glauben zu verhelfen.

Teil 2: Grundlagen christlicher Spiritualität

1. Zeitdiagnose

H: Herr Kollege Biser, Sie haben in Ihrem umfangreichen und profunden Lebenswerk eine neue und in die Zukunft weisende Theologie entworfen. Die klassische Theologie des Abendlandes war im Laufe der Jahrhunderte von der Lebenswirklichkeit des Christseins in eine Lehre, in ein System überführt worden, welches am Ende die Gläubigen nicht mehr erreichte, weil der Glaube in diesem Zusammenhang als ein „Fürwahrhalten" von Sätzen verstanden wurde.

Sie haben nun im Rückgriff auf die Mitte des Christentums einen Neuansatz gewagt, der dieses überkommene System durchbrach und dadurch dem Menschen die eigentliche Botschaft des Christseins als Antwort auf seine existentiellen Fragen wieder vermitteln kann. Dieser Rückgriff auf die Mitte war zugleich verbunden mit einer Wende zur Innerlichkeit, das heißt: weg von der Vergegenständlichung, hin zur inneren Existenz, zum existentiellen Vollzug von Christsein.

Mit diesem Weg nach innen ist der Sachverhalt der Spiritualität verbunden. Und so ist es eigentlich nur konsequent, wenn wir jetzt in der Fort- bzw. Weiterführung Ihres Werkes das, was diesem wesenhaft innewohnt, explizieren und zum Gegenstand unserer Überlegungen machen, nämlich die Spiritualität.

Dabei stoßen wir allerdings sehr schnell auf ein Problem. Der Begriff „Spiritualität" wird heute so unterschiedlich verwendet, daß er im Grunde genommen nicht nur nichts Präzises, sondern am Ende überhaupt nichts mehr aussagt. Es muß deshalb anhand einer Zeitdiagnose herausgearbeitet werden, was unter Spiritualität in den vielfältigen Erscheinungsformen verstanden wird, und was – das wird später zu zeigen sein – im Unterschied dazu das christliche Verständnis von Spiritualität ausmacht. Eines ist jedenfalls offenkundig: Dem heutigen Menschen ist ein Defizit bewußt geworden, er hat die Erfahrung gemacht, daß seine Ausrichtung und Konzentration auf die äußeren Dinge, auf die Erfolge der Wissenschaft und die Fortschritte der Technik nicht imstande sind, die den Menschen immer bedrängende Frage nach dem Sinn des Ganzen zu beantworten. Dieses Defizit und die Gründe, die dazu führten, müssen zunächst bedacht werden, wenn jenes Verständnis von Spiritualität gewonnen werden soll, das für diese Überlegungen grundlegend ist.

B: Ich bin Ihnen dankbar für die Charakterisierung meines theologischen Ansatzes. Ich möchte das Christentum in der Tat neu entdecken als Antwort auf das tiefste Bedürfnis des Menschen, und das ist und bleibt die Frage nach dem Sinn seines Lebens. Und ich möchte außerdem klarmachen: Das Christentum ist eine einzige Liebeserklärung Gottes an die Welt. Es ist aber oft genug in seiner Geschichte zu einer Kriegserklärung umgefälscht worden. Unter diesen Bedingungen hatte das Menschenherz natürlich überhaupt keine richtige Chance, denn es kann nur aufblühen, wenn ihm eine Botschaft der Liebe vermittelt wird. Und das ist genau der Punkt, an dem Ihre Frage nach einer angemessenen Spiritualität einsetzte. Wir werden also das, was in meiner Theologie bisher mehr oder weniger als Theorie entfaltet worden ist, in die Praxis überführen müssen. Diese Praxis ist in erster Linie nicht die der äußeren Tätigkeit, sondern die der inneren Aneignung. Genau darum geht es in der Spiritualität.

Wir Menschen sind ja in eine Zeit eingebunden und eingebettet, von der wir nicht abstrahieren können. Die gegenwärtigen Zeitverhältnisse sind denkbar desaströs, und deswegen tut sich auch der Mensch schwer in dieser Welt. Für ihn gilt das Pauluswort: „Außen Bedrängnis, innen Ängste" (Röm 8,35 f.). Wenn wir dieses Pauluswort ausdifferenzieren, dann werden wir sagen müssen, innen herrschen Ängste und Sorgen: die Angst vor dem Fortgang eines Krieges, der kein Ende nehmen will und möglicherweise das Potential zu noch größeren Konflikten in sich trägt; die Angst um die Existenz, um den Arbeitsplatz, um die Zukunft; die Sorge um die Familie, um eine persönlich befriedigende Existenz, all das erdrückt den Menschen von innen her. Aber dazu kommt natürlich der äußere Druck, und da stellt sich nun die Frage nach der Diagnose der Zeit, in der wir leben. Es handelt sich nach meiner Analyse um eine utopisch-rückschlägige Zeit:

Auf der einen Seite erleben wir, daß sich in Gestalt der Hochtechnik eine Technik ausgebildet hat, die uralte Menschheitsträume realisiert. Der Traum von der Sternenreise, wovon schon in anderem Zusammenhang gesprochen wurde: Er ist realisiert worden in den Raumsonden – gerade eben wurde eine auf den Jupiter geschickt –, und dazu gehört natürlich auch die Mondlandung von 1969, womit sich ein uralter Traum der Menschheit erfüllt hat. In der modernen Nachrichtentechnik verwirklicht sich demgegenüber der Traum von der Allwissenheit: Wir erfahren Dinge, die sich am anderen Ende des Erdballs abspielen, in Sekundenschnelle und haben sie möglicherweise sogar im Fernsehen bildhaft vor Augen. Auch damit erfüllen sich uralte Menschheitsträume. Selbst der Traum von der Konservierung von Nachrichten und von Musik wurde Wirklichkeit. Und es hat sich vor allen Dingen der Traum, den *Goethe* im zweiten Teil seines ‚Faust' geträumt hat, realisiert – nämlich der Traum vom „Homunkulus", dem künstlichen Menschen. Es gehört sicher zu den noch viel zu wenig wahrgenommenen großen Ereignissen unserer Zeit, daß der Mensch heute im Begriff steht, seine Evolution, also seine eigene Werdegeschichte, selbst in die Hand zu nehmen und zum Schöpfer seiner selbst zu werden. Das ist die Situation, in der wir uns befinden.

Jetzt stellt sich natürlich die Frage, wie der Mensch selbst in dieser Zeit zu verstehen ist. Er ist nicht mehr gedeckt durch sein altes Selbstverständnis, sondern ist, wie der spanische Kulturphilosoph *José Ortega y Gasset* gesagt hat, „selbst zum utopischen Wesen geworden". Hier möchte ich nun einhaken. „Utopisch" heißt: Der Mensch ist noch nicht das, was er sein kann. Und er ist noch weniger das, was er sein soll. Er ist immer noch unterwegs zu sich selbst. Auf diesem Weg durchlebt der Mensch eine Geschichte mit sich selbst, die nach meinem Verständnis der Grund dafür ist, daß wir eine so ausgesprochene Geschichtsbetroffenheit erfahren, daß wir also von den Ereignissen um uns herum derart mitgenommen werden, wie es tatsächlich der Fall ist. Wir werden aber von der Geschichte nur deshalb in Mitleidenschaft gezogen, weil wir eine Geschichte mit uns selbst durchleben. In ihr gibt es Siege und Niederlagen. Die Siege bestehen darin, daß der Mensch den Weg der Optimierung seiner selbst antritt, daß er mittels der sich ihm bietenden Hilfen über sich hinauszuwachsen sucht, während die Niederlagen darin bestehen, daß er sich fallenläßt, daß er den Weg des geringeren Widerstandes geht, daß er sich mit der Masse treiben läßt, daß er sich von Reklame und Propaganda betören läßt und sich dadurch immer mehr um sich selbst bringt.

Wenn es aber nicht zu diesem, von mir gerade angesprochenen Selbstverlust kommen soll, braucht der Mensch eine Hilfe. Er braucht ein Bild, dem er entgegenstrebt. *Friedrich Rückert*, der bekannte Dichter, den *Franz Schubert* vertonte, und der sich auch sonst tief in die Literatur eingeschrieben hat, sagte einmal in einem Beitrag zum ‚Frauentaschenbuch': „Vor jedem steht ein Bild des, was er werden soll. Solang er das nicht ist, ist nicht sein Friede voll." Dieses Bild wird ihm vom Christentum vor Augen gestellt. Es ist das Bild der Gotteskindschaft.

Es gibt zwei zentrale Antworten auf die Frage, was der Mensch sei. Die eine Antwort steht im Alten Testament und sie lautet: Er ist Bild Gottes. Aber die andere, die neutestamentliche, die muß überhaupt erst noch erschlossen werden, denn sie ist noch gar nicht richtig ins Bewußtsein der Christenheit gelangt. Danach ist der Mensch Kind Gottes. Das impliziert natürlich zunächst einmal die Gefahr, daß der Mensch durch die Idee der Gotteskindschaft infantilisiert werden könnte. Aber davon kann überhaupt nicht die Rede sein. Denn ausgerechnet der schärfste Kritiker des Christentums, in dem allerdings noch ein gewaltiges religiöses Potential steckte, *Friedrich Nietzsche*, hat gesagt: Nein, Kindsein, das ist das denkbar Höchste. Der Mensch muß aufsteigen aus dem Stadium der Heteronomie, der Fremdbestimmung, aus der Phase des Kamels in die des Löwen, der Autonomie, der Selbstbestimmung. Aber auch das muß noch einmal überwunden werden, und das Höchste, was der Mensch erreichen kann, ist das „Weltenkind". Gotteskindschaft ist somit die erfüllende Antwort. Aber es ist ein Rahmenbegriff, der jetzt gefüllt werden muß, und den wir in unseren weiteren Gesprächen auch zu füllen gedenken. Gefüllt werden kann dieser Begriff aber nur durch Spiritualität.

H: Was Sie sagen, ist natürlich zutreffend. Ich möchte jedoch dagegen einwenden: Wird der heutige Mensch von dieser Botschaft überhaupt erreicht? Ich behaupte: Nein! Und genau das ist der Grund dafür, daß viele Menschen sich in jener Phase des Übergangs von der Wissenschaftsgläubigkeit zu einer tiefen Skepsis, in welchem die innere Unzufriedenheit ins Bewußtsein trat, eben nicht dem Christentum zuwandten. Sie fanden dort keine Antwort auf ihre Fragen und gingen deshalb den Weg nach innen, um in sich durch Selbsterfahrung, Selbsterkenntnis und Bewußtseinserweiterung nach Lösungen ihrer Probleme zu suchen. Sie sahen sich mit der Aporie konfrontiert, nicht nur in einer Welt zu sein, die ihnen nicht genügt, sondern auch in sich – zur eigenen Selbstverwirklichung – einer weiteren Dimension zu bedürfen.

Diesem Bedürfnis des Menschen suchen ganz unterschiedliche Sinnangebote zu entsprechen, die alle ein berechtigtes Anliegen haben mögen, jedoch nicht in einem einzigen Begriff zu erfassen sind.

Diese Situation müssen wir vor Augen haben, denn hier eröffnen sich Chance und Ansatzpunkt, die Antwort des Christentums den Menschen von heute zu vermitteln.

B: Das ist ohne Zweifel richtig. Wir müssen uns in unserer Antwort von den anderen Angeboten unterscheiden. Wir wollen also getrost, wie Sie gerade angedeutet haben, zugeben, daß auch in diesen Angeboten ein Element des Richtigen steckt. Und daß sie unter Umständen auch ein Stück weiterhelfen. Aber wir müssen auch zeigen, warum das vom Christentum ausgehende Angebot nicht an die Menschen herankommt, warum die

Menschen im Christentum nicht die Antwort auf ihre Sinnfrage suchen, die sie eigentlich dort finden könnten, und worin die Hemmnisse liegen, die sie davon abgebracht haben. Das ist eine schwierige Frage, die uns wahrscheinlich noch einmal in die Pflicht nehmen und nötigen wird, darüber intensiv zu diskutieren.

H: Es steht also die Anfrage an die christlichen Kirchen, ob sie die Sache, die sie vertreten, in angemessener Weise zur Geltung bringen oder ob sie sich vielleicht mit ihrer äußeren Gestalt und Organisation so weit in den Vordergrund gedrängt haben, wenn auch in guter Absicht, daß das Wesentliche, nämlich die spirituelle Dimension, zumindest von kirchenfernen Menschen nicht mehr gesehen wird und auch nicht mehr gesehen werden kann.

B: Insofern befinden wir uns auf einer Entdeckungsreise und wollen hoffen, daß uns diese Reise zum Ziel führt, nämlich zum Kern des Christentums und zur Mitte des Menschseins.

2. Esoterik und Spiritualität

H: Es steht außer Frage, daß spirituelle und esoterische Bewegungen in der heutigen Zeit eine außerordentlich große Rolle spielen. Ihre jeweiligen Besonderheiten im Einzelnen zu charakterisieren, ist hier unmöglich. Aber vielleicht sollten wir doch die Grundstruktur, die solche Strömungen kennzeichnet, in kurzen Strichen umreißen.

Die Etymologie des mehrdeutigen Begriffs Esoterik bietet einen guten Einstieg für eine erste Erklärung dessen, was damit in einem weiten Sinne gemeint ist. Das Wort leitet sich vom griechischen „eis" bzw. „eiso" ab und bedeutet „hinein", „nach innen". Es hat seine Entsprechung in dem Terminus „exo", „heraus" bzw. „hinaus". Seit *Plato* und *Aristoteles* dienen diese Begriffe dazu, die literarische Gattung von Schriften näher zu kennzeichnen. „Exoterisch" nannte man Schriften, die für die Öffentlichkeit bestimmt und von geringerem wissenschaftlichem Anspruch waren bzw. solche, die vom Verfasser selbst herausgegeben wurden. Lehrschriften rein wissenschaftlicher Art dagegen, die für den Schülerkreis vorgesehen waren, bezeichnete man als „esoterische" Schriften. Diese funktionale Qualifizierung wurde schließlich auf den Inhalt übertragen. Das in den esoterischen Schriften enthaltene Wissen sollte einer Elite von Eingeweihten vorbehalten bleiben.

Wenn wir heute von Esoterik sprechen, handelt es sich um ein anderes Phänomen. Es stehen dabei nicht primär objektive Sachverhalte zur Diskussion, es geht vielmehr um eine Wende des Subjekts nach innen. Darin kommen die Absicht und das Streben des Menschen zum Ausdruck, sich vom Äußeren und Oberflächlichen abzuwenden und auf das Innere und die Tiefendimension seiner Existenz hin auszurichten. Nicht die Reflexion über diesen Weg nach innen – sie führt nur zu einem neutralen und distanzierten Wissen – ist das Entscheidende, der Vollzug und die Praxis geben den Ausschlag. Nicht, wer über den Weg nachdenkt, erreicht das Ziel, sondern nur, wer ihn geht. Die damit verbundene und dazu erforderte Erfahrung hatte nicht nur die Vorstellung zur Folge, daß das gewonnene Wissen, das nicht wie wissenschaftlich nachprüfbares Wissen erworben werden kann, geheimgehalten werden sollte, sondern darüber hinaus, daß es sich um ein Geheimwissen handle, das weder kommunikabel noch universalisierbar und deshalb nur für Eingeweihte bestimmt ist.

Fragt man nach den philosophischen Voraussetzungen und Denkmodellen, die der Esoterik zugrunde liegen, so stößt man vor allem auf zentrale Positionen des Platonismus, des Neuplatonismus und der Gnosis. Auch von verschiedenen Ausprägungen der Existenzphilosophie sowie der Postmoderne und der Tiefenpsychologie erhält die Esoterik starke Impulse. Thematisch ist jedoch an erster Stelle die dualistische Anthropologie neuplatonischer Provenienz zu nennen. Danach wird der Mensch auf die Geistseele reduziert, der Leib fällt aus der menschlichen Identität heraus. Damit ist der esoterische Weg nach innen bereits vorentschieden. So versteht etwa *Plato* Erkenntnis als Wiedererinnerung, als „anamnesis". Lernen heißt, sich an das erinnern, was die Seele auf Grund ihrer Präexistenz immer schon wußte, durch die Verbindung mit einem Körper aber vergessen hat.

In dieser Erkenntnistheorie und ihren unterschiedlichen Modifikationen zeichnet sich ein Grundzug esoterischer Deutung des Menschen ab. Auch das Verständnis der Wirklichkeit im ganzen läßt sich auf den Neuplatonismus zurückführen. Bei *Plotin* ist es das Eine, das „hen", von dem alles ausgeht und zu dem alles zurückkehrt. Dieses Eine als das absolute Prinzip wird im Unterschied zur griechischen Seinsphilosophie dynamisch und energetisch verstanden. Es durchwaltet und belebt die gesamte Wirklichkeit, den Menschen eingeschlossen. Alle prinzipiellen Trennungen sind aufgehoben. Am Ende lebt und ist alles, in einem geschlossenen Kreislauf absteigend und aufsteigend, eins. Eine derartige Wirklichkeitsdeutung kommt sicherlich einem Grundbedürfnis des Menschen entgegen, alles aus einem Ursprung heraus zu denken. Aus christlicher Sicht sind jedoch angesichts einer solchen Konzeption schwerwiegende Bedenken anzumelden, vor allem was die absolute Souveränität und Transzendenz Gottes

sowie die Personalität des Menschen betrifft, die mit einem solchen, die
Reinkarnation implizierenden Kreislaufdenken unvereinbar sind.

B: Das ist richtig. Ich kann hier nur noch einmal hinzufügen, was bereits angeklungen ist, daß nämlich *Nietzsche* dem noch, unter ausdrücklicher Berufung auf die Antike, die Lehre von der „ewigen Wiederkunft des Gleichen" hinzugefügt hat. Danach gibt es auch in der Geschichte im Grunde nichts Neues, sondern nur den ewigen Kreislauf des in sich rotierenden Seins. Doch das Christentum hat den Bann dieses Zirkels aufgebrochen. Es hat dies zunächst einmal im Anschluß an das Judentum dadurch bewirkt, daß es den Gott der Überweltlichkeit und der Personalität entdeckte, also einen Gott, der dieser Welt als Schöpfer gegenübersteht und ihr zugleich innerlicher ist als sie sich selber sein kann – und einen Menschen, der in diesem Gott seinen Schöpfer und Herrn gefunden hat, aber auch in der Beziehung zu diesem Gott zu sich selber erwacht, zu seiner eigenen Personalität. Das sind zwei Dinge, die offensichtlich ursächlich miteinander zusammenhängen: der personale Gott und der in seiner Personalität sich selber entdeckende Mensch. Es ist ja hochinteressant, daß der Begriff „Person" eigentlich erst in den Auseinandersetzungen der Kirchenväter über die Dreifaltigkeit und über das Verhältnis Christi zu Gott entdeckt und formuliert worden ist. Vorher hat es diesen Personbegriff überhaupt nicht gegeben.

H: Wenn man hier die Frage, die wir eingangs aufgeworfen haben, noch einmal wiederholt, nämlich: Wie kommt der Mensch zur Sinnerfüllung?, dann könnte man ganz generell und mit aller damit verbundenen Unschärfe sagen: Er kann im Kontext einer spiritualistischen Kreislauflehre nie zu seiner Vollendung kommen, weil er ganz anders verstanden werden muß, als es in diesem Zusammenhang der Fall ist. Er ist Person, und wenn seine personale Würde und seine Identität nicht über die Grenze des Todes hinaus gewahrt werden können, dann kann der Anspruch des Menschseins, das heißt das Personsein, wie es im abendländischen, jüdisch-christlichen Denken verstanden wird, überhaupt nicht realisiert werden.

B: Das halte ich für sehr bedeutungsvoll und richtig. Und ich möchte dem hinzufügen: Es muß ein neues Bewußtsein von der großartigen Entdeckung Israels entstehen, daß nämlich Gott, wie Sie es gerade dargestellt haben, nicht in den Kosmos integriert ist, sondern ihm als transzendente Größe gegenübersteht, aber mit der Zusatzbemerkung, daß dieser die Welt schaffende und die Welt überblickende Gott zugleich dieser Welt innerlicher ist als sie sich selbst. Und das impliziert dann für den Menschen, daß er in diesem Gott erst zu seiner wahren Sinnerfüllung gelangen kann. Alles geht jetzt darum, wie der Mensch in Gott zu dieser Sinnfindung gelangt. Und das ist der Weg der Spiritualität.

H: In diesem Zusammenhang müssen noch Positionen, die vor allem im 19. und 20. Jahrhundert diskutiert wurden und bis heute diskutiert werden, in das Gespräch eingebracht werden.

Ludwig Feuerbach hat die These vertreten, die Menschen projizierten ihre eigenen Werte und Sehnsüchte nach außen und verehrten sie als göttliche Attribute und schließlich als Gott selbst. Die Aufdeckung dieses Irrtums führe mit innerer Notwendigkeit zur Aufhebung einer solchen Projektion und damit zu einer Art von Atheismus. In der psychologischen Weltdeutung kehrt sich, durch *Sigmund Freud* und *Carl Gustav Jung* initiiert, diese Sicht der Wirklichkeit um. Die Entdeckung des Unbewußten hatte ein neues Welt- und Selbstverständnis zur Folge. Nach einer areligiösen und positivistischen Übergangsphase wurde dadurch eine neue Form von Religiosität ermöglicht und auf diese Weise einem menschlichen Urbedürfnis Rechnung getragen. Die Analyse des Unbewußten brachte es ins Bewußtsein, daß Vorstellungen von Gott und seinem Wirken nur in der menschlichen Psyche Realität besitzen. Schließlich hat man die psychologischen Erfahrungen in den Rang ontologischer Realität erhoben. In der Aufhebung der Individualität und Personalität werden Gott und Mensch in ihrer Transzendenz eins. Der Weg nach innen führt also zu mir selbst und damit zu Gott, und in dieser Identität mit Gott erreicht man sein Lebensziel – eine Vorstellung, die sich aus christlicher Sicht und in Anbetracht des christlichen Gottes- und Menschenverständnisses als völlig unhaltbar erweist.

B: Ja, und das heißt, daß wir vor allen Dingen noch einmal auf *Feuerbach* zurückblenden sollten, der die Religion als eine Selbstprojektion des Menschen ins Transzendente, ins Göttliche hinein begriffen hat; der davon ausgegangen ist, daß, wenn dieser transzendente Gott nicht existiert – diesen Schluß hat dann *Nietzsche* gezogen –, diese göttlichen Attribute gleichsam freischwebend geworden sind, so daß sie von den Menschen zurückgewonnen und reklamiert werden können. Das ist der Weg von *Feuerbach* zu *Nietzsche*. Und dann gibt es den von Ihnen aufgezeigten Weg der Tiefenpsychologie. Aber da hat *Freud*, der diesen Weg ja wie kein anderer gebahnt hat, zugleich die Gegenthese formuliert: die These von den drei Kränkungen, wonach der Mensch durch diese Entwicklung erniedrigt worden ist.

Es gibt die Kränkung durch *Kopernikus*: Da hört der Mensch auf, im Zentrum der Welt zu stehen. Sodann die Kränkung durch *Darwin*: Da hört er auf, ein Sondergeschöpf Gottes zu sein. Und schließlich die Kränkung durch *Freud* selbst: Da hört er auf, Herr im Haus des eigenen Bewußtseins zu sein. Dabei verliert er die Kontrolle über das, was in ihm vorgeht, denn er fühlt und entdeckt sich als das Produkt von Triebbefriedigung, von Komplexen, die ihn im Unterbewußtsein steuern, ohne daß er sich darüber Rechenschaft geben kann. Das alles schreit nach Befreiung. Und deswegen meine ich, müsse das Christentum vor allen Dingen, im Sinne des Apostels Paulus, als die Religion der Freiheit und Befreiung neu entdeckt werden. „Zur Freiheit hat uns Christus befreit", sagt Paulus im Galaterbrief (Gal 5,1) und hat damit das Christentum auf den Punkt gebracht. Er hat es ja ganz bewußt im Blick auf die antike Denkweise gesagt, vor allem im Blick auf den antiken Pantheismus, diesen Kreislauf, aus dem es kein Entrinnen gibt. „Nein", sagt Paulus, „es gibt ein Entrinnen." Und die Erlösungstat Christi besteht zentral darin, daß dieser kosmische Kreislauf durchbrochen ist, daß wir nicht den Zwängen des Fatums unterworfen sind, so daß uns das Schicksal vorgezeichnet ist, sondern daß wir frei entscheiden und frei zu uns selbst finden können. Vorausgesetzt ist dabei allerdings, daß die Erlösungstat Jesu als ein grundstürzendes, ins Zentrum der Seinsverhältnisse eindringendes Geschehen begriffen wird. Das hat den Menschen seinerzeit eingeleuchtet, das empfanden sie wie eine ungeheure Entlastung, denn eine kosmische Angst hatte sie in den Bann geschlagen, und ich warte eigentlich darauf, daß sich das heute wiederholt. Denn wir selber sind, oder sind es neuerdings wieder, in diese Kreisläufe eingebunden; die Esoterik ist ja zu einem großen Teil nichts anderes als eine Rekapitulation des antiken Denkens. Deswegen müßte das Christentum in unserer Zeit endlich wieder als das entdeckt werden, was es von seinem innersten Ursprung her ist. Es ist, wie Paulus mit größtem Nachdruck versichert, die Religion der Freiheit.

H: Damit wird deutlich, daß das, was der Mensch in diesen esoterischen oder spiritualistischen Bewegungen zu finden glaubt, nämlich frei zu werden von der Versklavung durch Wissenschaften und Vergegenständlichungen aller Art, im Grunde genommen nur dazu führt, daß er auf einer tieferen Ebene, dafür aber um so gründlicher, erneut der Freiheit beraubt wird.

Deshalb stellt sich hier auch die dringende Forderung an die christliche Gemeinschaft und an die christlichen Kirchen, die Botschaft der Freiheit zu leben und wirklich deutlich zu verkünden. Die darin liegende Verantwortung kann nicht hoch genug eingeschätzt werden. Wenn sie einen Menschen auf der Straße fragen, ob er der Überzeugung sei, daß das

Christentum die Botschaft der Freiheit des Menschen verkörpere, dann, glaube ich, würden Sie kaum einen finden, der das mit „ja" beantwortet. Die allermeisten sind der Überzeugung: Christsein heißt, sich der Fremdbestimmung durch die Kirche und letztlich durch Gott auszuliefern. Daß der Mensch gerade durch das Christentum zum moralischen Subjekt wird, welches frei sein muß, wenn es sittlich handeln soll, dessen scheint sich der durchschnittliche Christ überhaupt nicht bewußt zu sein. Und hierin läge nun das große Gewicht, das das Christentum diesen verschiedenen Bewegungen des Spiritualismus, der Esoterik und des New Age entgegensetzen könnte und sollte, denn diese Bewegungen stellen zum Teil gerade auch für junge Menschen ein nicht zu unterschätzendes Verführungspotential dar.

B: Es kann nur geschehen, wenn ihnen zu Bewußtsein gebracht wird, daß das Christentum ein Weg des Menschen in die Freiheit und zu sich selber ist – allerdings nicht unabhängig von dem, der diesen Weg überhaupt erst ermöglicht, nämlich von Gott in Jesus Christus. Diese Zusammenhänge müssen vollkommen neu entdeckt werden, gerade auch im Blick auf die Menschen, die Gefahr laufen, in neue Abhängigkeiten zu geraten, und die am Ende noch die Meinung haben, daß sie dadurch innerlich bereichert werden. Wir wollen ja, wie vorhin schon einmal gesagt, den Wert solcher Bewegungen nicht verkennen, denn sie haben auch ihr Wahrheitselement; aber wir müssen sehen, daß das Christentum in der Tat die einzige befreiende, den Menschen zu sich führende Antwort auf seine Sinnfrage ist.

3. Christliche Spiritualität

H: Der Neuansatz Ihrer Theologie, Herr Kollege Biser, besteht im Rückgriff auf die Mitte und das Zentrum des Christseins. Wenn nun Christsein nicht nur etwas Äußerliches ist, sondern etwas Innerliches, dann ist damit im wesentlichen die christliche Spiritualität angesprochen. Was aber ist – in Abhebung von allen anderen Arten von Spiritualität, mit denen wir heute konfrontiert sind – das Spezifische christlicher Spiritualität?

B: Wir befinden uns ja hier in der Bibliothek von *Romano Guardini*. Mit seinem Namen ist ein Begriff verbunden: „Unterscheidung des Christlichen". Das bezieht sich selbstverständlich zunächst einmal auf die Unterscheidung des Christentums von den anderen Weltreligionen. Meine eigene These hierzu lautet: Das Christentum ist im Unterschied zum

Buddhismus keine asketische, sondern eine therapeutische Religion. Und
es ist im Unterschied zum Judentum keine moralische, sondern eine
mystische Religion.

Mit dem zweiten Begriff ist bereits Spiritualität angesagt; das muß nun
im einzelnen bewiesen werden. Doch ich möchte auch auf die erste Unterscheidung nochmals abheben, denn im allgemeinen Verständnis wird das
Christentum oft genug als eine asketische Religion verstanden, als eine Religion, die es mit der Unterdrückung des Menschen, auch seiner Sinnlich-
keit und seines Eros, zu tun hat und die den Menschen vor allen Dingen in
ein festes System von Befehlen und Direktiven einbinden möchte. Dagegen
kann man nur immer wieder, vor allem im Blick auf das Verhalten Jesu,
sagen: Nein, Jesus will nicht nur die Ordnung, die natürlich auch für ihn
unverzichtbar ist, sondern vor allen Dingen die Heilung des Menschen.
Das Christentum ist eine genuin therapeutische Religion, auch wenn dieses Wort beim ersten Hören mißverständlich sein mag, denn unter Thera-
pie versteht man alles Mögliche, nur nicht das, was im Christentum damit
gemeint ist. Das Christentum ist die Religion, die den Menschen in erster
Linie von der ihm geschlagenen Todeswunde heilt. Das geschieht durch
den Glauben an die Auferstehung Christi. Und es ist die Religion, die den
Menschen heilt von den Folgen dieser Todeswunde: Das sind die Ängste,
die im Vorgriff auf unseren Tod das ganze Menschenleben belasten. Soviel
zur ersten Unterscheidung.

Die zweite Unterscheidung ist für unsere Thematik jedoch die weitaus
wichtigere. Das Christentum ist keine moralische, sondern eine mystische
Religion. Das paradigmatische Phänomen einer moralischen Religion ist
das Judentum. Es verdankt sich nämlich der Offenbarung des göttlichen
Gesetzes. Es ist ja der Stolz und der Ruhm eines jeden frommen Juden,
Tag und Nacht über das von Gott gegebene Gesetz nachzusinnen, um ihm
immer neue Wegweisungen und Einsichten entnehmen zu können
(Ps 1,2). So ist das Judentum auch groß geworden, und dieser Ruhm sollte ihm nicht streitig gemacht werden. Doch wird er ihm dadurch streitig
gemacht, daß das Christentum in der Einschätzung der meisten ebenfalls
als eine moralische Religion erscheint. Nun *hat* das Christentum zwar
eine Moral, es *ist* aber keine Moral. Das ist der große Unterschied. Ein
Weiteres kommt noch hinzu: Die Moral, die Jesus gewollt, und die vor
allen Dingen der Apostel Paulus thematisiert hat, haben wir noch gar
nicht begriffen. Wir hatten es bislang mit einer Moral zu tun, die vor allen
Dingen den Menschen durch Direktiven, durch Gesetze und Befehle und
durch Verbote und Gebote vom Bösen abzuhalten suchte. Doch der

Apostel Paulus weiß, daß das ein problematischer Weg ist. „Hätte ich das Gesetz nicht gekannt, dann wäre ich auch nie in die Versuchung geraten, es zu übertreten" (Röm 7,7). Es muß also einen besseren Weg geben. Der besteht nach Paulus darin, daß man dem Menschen ein Prinzip einstiften muß, das ihn zum Erdenken und Tun des Bösen unfähig macht: das Prinzip Liebe. Das ist selbstverständlich im weiteren Fortgang auch der Weg zur Spiritualität und der Weg zur Mystik. Denn diese Liebe, ich darf das noch einmal andeuten, ist nicht nur das große Geschenk Gottes an die Welt: Diese Liebe hat ein Gesicht, diese Liebe ist eine Person – die Person Jesu Christi, von der Paulus gesagt hat: „ In ihm hat Gott sich uns zum Geschenk gemacht" (Röm 8,32). Er ist die personifizierte Liebe Gottes. Und wenn Paulus auch in der nächsten Aussage recht behält, daß es im Grunde darum geht, diese Liebe in sich zu entdecken, dann stehen wir vor dem großen und wunderbaren Gedanken der Einwohnung Christi im Herzen der Gläubigen, und damit vor dem Zentrum der christlichen Spiritualität.

H: Im Zusammenhang mit dem Begriff Spiritualität gibt es ja auch im Christentum eine ganze Reihe von Fehlinterpretationen, die aber nicht im spezifisch Christlichen anzusiedeln, sondern durch den Einfluß der griechischen Philosophie, näherhin einer dualistischen Anthropologie, bedingt sind. Der Begriff „pneuma" oder „spiritus" verführt leicht dazu, eine unangemessene Trennung zwischen Geistseele und Leib vorzunehmen. Wenn es also christliche Spiritualität gibt, dann – so folgert man daraus – muß sie sich ausschließlich mit der geistigen Dimension des Menschen befassen, während dessen Leiblichkeit unbeachtet bleibt. Hier muß ganz deutlich gesagt werden: Dieser Dualismus ist reiner Neuplatonismus, denn nach jüdisch-christlichem Verständnis ist der Mensch eine letzte innere Einheit aus Geist *und* Materie, aus Seele *und* Leib. Es gibt nichts am Menschen, was rein geistig, und nichts, was rein materiell wäre. Deshalb muß christliche Spiritualität immer den ganzen Menschen im Blick haben und kann und darf auch nicht dazu führen, daß die geistige Dimension des Menschen ausgegliedert und auf diese Weise in eine letzte Einheit des absoluten Geistes zurückgenommen wird, was am Ende einer Zerstörung der Individualität gleichkäme.

B: Dem kann man nur hinzufügen, daß das auch dem jüdischen Denken entspricht. Wenn wir also im Neuen Testament manchmal das Wort „psyche" hören, dann neigt der Leser, der aus dieser platonisch-neuplatonischen Tradition kommt, dazu, das als ein Gegenprinzip zur Leiblichkeit zu verstehen. Doch mit „psyche", also mit Seele, ist gar nicht das Geistige, sondern die Totalität des Menschen gemeint. Denn wenn Jesus einmal sagt, man soll seine Seele hingeben, dann meint er, daß sich der Mensch ganz hingeben und ganz einsetzen soll, weil das Heil, das im Christentum den Menschen zugewendet wird, eine Heilung von Leib und Seele ist und den Menschen in seiner unzertrennlichen leib-seelischen Grundkonstitution betrifft.

H: Mit alldem ist natürlich auch gesagt, daß christliche Spiritualität wesentlich von Christus her geprägt sein muß – und damit von jener Bewegung, die den Grundzug Ihrer Theologie ausmacht, nämlich die Rückwendung in die Mitte des Evangeliums und von hier ausgehend in die Innerlichkeit des Seins mit Christus.

B: Das ist selbstverständlich der Kern meines theologischen Ansatzes, und ich muß noch einmal und immer wieder sagen: Wir sind in der Gefahr, diese Mitte des Christentums zu verkennen. Viele Phänomene, auch im Leben der Kirchen, wobei zwischen den Konfessionen überhaupt nicht unterschieden zu werden braucht, deuten darauf hin, daß diese Mitte noch nicht entdeckt ist. Das ist eine Tragödie, vor allem, wenn man sich die zwei Jahrtausende vor Augen führt, die das Christentum bisher Zeit gehabt hat, um über die Botschaft Jesu ins Klare zu kommen. Offensichtlich haben diese zweitausend Jahre noch nicht ausgereicht. Man kann übrigens auch zeigen, warum die Mitte immer noch nicht entdeckt worden ist: Sie konnte nicht entdeckt werden, weil das Christentum oft genug den von Jesus total abgelehnten Weg der Gewalt eingeschlagen hat, denn man glaubte durch Repression und Gewalt, manchmal in physischer, manchmal in spiritueller und geistiger Hinsicht, Menschen unter Kontrolle halten zu können.

Aber genau das ist dem Weg Jesu diametral entgegengesetzt, der den Weg der absoluten Gewaltlosigkeit gewiesen hat. Das war übrigens eine historische Notwendigkeit, denn er lebte ja nicht etwa, wie die Rede von der „Fülle der Zeiten" suggeriert, in einer besonders günstigen, sondern in einer höchst angespannten Zeit. Sein Volk wollte, angestachelt von den Zeloten, den Befreiungskrieg gegen Rom. Aber – wie schon an anderer Stelle gesagt – Jesus hat gewußt, daß, wenn dieser Krieg stattfindet, kein Stein auf dem anderen bleiben, und dieses Volk in sein Verderben stürzen werde. Er wollte es mit allen ihm zur Verfügung stehenden Mitteln von diesem Weg der Gewalt abbringen und auf den Weg der Gewaltlosigkeit verweisen. Doch die christlichen Kirchen haben nahezu bis auf den heutigen Tag Gewalt ausgeübt, oft in physischer und manchmal in psychischer Form. Mit dieser furchtbaren Tradition hat das Zweite Vatikanische Konzil gebrochen, indem es die Gewalt verwarf und sich dem Prinzip des Dialogs als dem einzigen Mittel zur Beilegung religiöser, sozialer und weltanschaulicher Konflikte verschrieb. Damit beseitigte es die über der Mitte des Christentums liegende dunkle Wolke und gab den Blick auf die Mitte des Christentums frei. Doch worin besteht diese Mitte? Unzweifelhaft in dem von Jesus entdeckten, von Jesus verkündeten, von Jesus erkämpften und von Jesus zuletzt erlittenen Gott der bedingungslosen Liebe.

Das muß neu als Mitte des Christentums wahrgenommen werden, denn nur von daher ist eine innere Erneuerung und dann auch eine Darstellung des Christentums möglich, die den Menschen in unseren Tagen auf diese Mitte zurückverweist, weil allein sie ihm Antwort auf seine Lebensfragen gibt. Das läßt sich noch deutlicher sagen: In jedem Menschen steckt das Bedürfnis, geliebt zu werden. Das Christentum kommt diesem Bedürfnis zentral entgegen. Viele, die nicht das Glück haben, die ihnen angemessene Liebe zu finden, gehen oftmals frustriert und enttäuscht durchs Leben. Doch finden sie im Christentum eine Antwort, die im Grunde kein Mensch ihnen je hätte geben können, und diese Antwort lautet: *Gott ist die Liebe* (1Joh 4,8.16)! Das ist etwas so Wunderbares und Unausdenkliches, aber es ist akkurat der Kern des Christentums: Gott liebt dich! Er sieht dich nicht nur. Er kontrolliert dich nicht. Er liebt dich! Er möchte dich an sein Herz ziehen! Etwas Größeres kann dem Menschen gar nicht gesagt werden. Das kommt dem innersten Bedürfnis jedes Menschen entgegen, und deswegen muß das Christentum auf diese Mitte zurückgeführt werden.

H: Damit wird auch das Defizit der christlichen Kirchen angesprochen, das Ursache dafür ist, daß die Menschen im Christentum eben nicht die volle Erfüllung für ihr Menschsein sehen und sehen können. Mit anderen Worten: Nach allem, was sich im Laufe der Kirchengeschichte zugetragen hat, beginnt letztlich erst im Zweiten Vatikanischen Konzil jene Phase, in der das Christentum wieder zu sich selbst zurückgefunden hat. Jetzt könnte es, wenn es richtig verkündet würde, als die Sinnerfüllung des Menschseins wahrgenommen werden.

Konsequenterweise werden wir in unserem folgenden Gespräch darüber nachdenken müssen, wie der Weg verläuft, den der Mensch gehen muß, wenn er christliche Spiritualität als je Einzelner realisieren will. Es wird also vom Gebet und dessen vielfältigen Formen die Rede sein müssen, und schließlich von der christlichen Mystik.

B: Unvergessen sollte somit das sein, was wir gerade eben vom Zweiten Vatikanum gesagt haben: daß es das größte Ereignis der bisherigen Kirchengeschichte ist, das Ereignis der Entdeckung der Mitte des Christentums und der Konsequenzen, die sich daraus ergeben. Denn das Zweite Vatikanum hat das Prinzip der Freiheit neu entdeckt und vor allen Dingen deutlich gemacht, daß das Christentum eine Religion des Dialogs, der gegenseitigen Begegnung und Verständigung oder, um es noch einmal zu sagen, eine Religion der Liebe ist. Etwas Schöneres kann von einer Religion überhaupt nicht gesagt und nicht erwartet werden. Man kann nur dankbar dafür und glücklich darüber sein, einer solchen Religion anzugehören. Wann wird das endlich von allen Christen begriffen werden?

4. Gebet und Glaube

H: Im Zentrum christlicher Spiritualität steht jenes dialogische Verhältnis des Einzelnen zu Gott, das man mit dem Begriff Gebet bezeichnet. Das impliziert, daß das Gebet, christlich gesehen, mit dem Glauben an Gott und mit dem Grundbezug des Einzelnen zu Christus zu tun hat.

B: Was ist das Gebet? Das Gebet ist nach einer alten Definition die Erhebung des Menschen, seines Geistes und seines Herzen zu Gott. Ich denke, daß es bis auf den heutigen Tag keine bessere Bestimmung des Gebetes gibt. Aber daß das Gebet mit Glaube zu tun hat, das ist wohl eine Sache, die bisher noch gar nicht richtig entdeckt worden ist. Denn für das allgemeine Verständnis ist das Gebet eine Sache des Herzens, also des Gemüts und des innersten Verlangens eines Menschen, und der Glaube ist mehr oder weniger eine Sache des Geistes, eine Sache des Intellekts, vielleicht auch des Willens. So ist er wenigstens immer wieder beschrieben worden. Daß diese beiden Dinge aber viel mehr miteinander zusammenhängen und zu tun haben als bisher gesehen worden ist, diese Einsicht verdanken wir einem jüdischen Denker – *Martin Buber*. Er hat einmal gefragt: „Was ist denn eigentlich das Gebet?" Und seine Antwort lautete: Es ist die Bitte um die Kundgabe der göttlichen Gegenwart. „Mein Gott, wenn es dich gibt, lasse mich dich erkennen!", stundenlang und unablässig wiederholte der Trappist und Begründer der Gemeinschaft der „Kleinen Brüder", *Charles de Foucauld*, dieses sonderbare Gebet. Doch *Buber* brachte das auch noch in anderer Form mit dem Satz zum Ausdruck: Gebet, das ist ein Akt der Selbstbegründung und Selbstverankerung in der Gotteswirklichkeit. Das Ganze hängt zusammen mit dem Begriff der „emuna". „Emuna" heißt, „das soll feststehen", und „Gebet" heißt, „ich will feststehen". Ich suche in dieser Welt der Hinfälligkeiten, der Kontingenz, in

der es keine Sicherheit gibt und geben kann, den einzig festen und uner-
schütterlichen Grund, und den finde ich im Gebet.

Im Gebet geht es also nicht so sehr um menschliche Bedürfnisbefriedi-
gung. Der Mensch ist ja ein Mensch voller Ansprüche, voller Sorgen und
Anliegen, und er meint, im Gebet ginge es vor allen Dingen um die Befrie-
digung seiner Bedürfnisse. „Nein", sagt *Buber*, „es geht um Gott. Im Gebet
finden wir den Felsengrund, auf den wir uns begründen können."

Wenn wir das so sehen, ist das Gebet sogar eine Form des Gottesbewei-
ses, ich würde sagen: „der mit dem Herzen geführte Gottesbeweis". Allerdings ist es noch unvollständig ausgedrückt, denn hinter dem Gebet steht
ja eine Frage, die Frage nämlich, die auch diese Überlegung zum Gegenstand hat: Gibt es denn überhaupt diesen Gott? Wenn es ihn gibt, wird er
mich erhören, wird er mir, wenn er mich hört, auch antworten? Das ist die
Frage des Glaubens. Und deswegen hängen diese beiden Aspekte viel enger
als meistens angenommen zusammen. Denn im Gebet wird die Frage nach
Gott eigentlich nur beschwichtigt. Ich bekomme Gott zu spüren, indem
ich Halt und Stand finde in ihm. Aber die Frage, die wir stellen: Gibt es
einen Gott?, verlangt doch nach einer Antwort, und diese Antwort gibt das
Gebet allein von sich aus noch nicht. Die gibt aber der Glaube, denn der
Glaube verdankt sich der göttlichen Selbstmitteilung. Im Glauben hören
wir das Wort Gottes; das ist die Antwort, die ein Angesprochensein durch
einen Redenden notwendigerweise voraussetzt. Deswegen könnte man
sagen: Das Gebet ist das Fundament des Glaubens, und der Glaube ist seinerseits die Krönung des Gebets. Im Glauben kommt das Gebet an sein
eigentliches Ziel. Das ist der Zusammenhang, von dem ich meine, daß er
ganz neu entdeckt werden muß. Diese beiden Dinge sind keine getrennten
Welten, sondern sind miteinander aufs engste verflochten.

H: Aber dann wäre doch zu fragen, ob diese Grundhaltung nicht mit
dem Wesen des Menschen selbst gegeben und nicht bloß ein Spezifikum
des Christentums ist. Schließlich beten nicht nur Christen, sondern auch
Anhänger anderer Religionen, und gewinnen in dem Gott, zu dem sie
beten und den sie vielleicht im Gebet als existent erfahren, jenes Fundament, auf dem sie leben.

B: Es gibt einen großen Religionsgeschichtler, *Friedrich Heiler*, der das
Werk ‚Das Gebet' schrieb. Er hat genau diesen Punkt aufgegriffen und das
Gebet in all seinen Erscheinungsformen, in sämtlichen Religionen einläß-
lich untersucht; er hat aber in diesem Werk auch gesagt, daß es nie einen
größeren Beter der Menschheit gegeben habe als Jesus. Jesus sei somit der
eigentliche Beter in der Menschheitsgeschichte. Das kann man sehr wohl

begreifen, wenn man einen Blick ins Evangelium wirft und dort liest, daß Jesus ganze Nächte im Gebet verbracht und schließlich sogar seine Jünger dazu gebracht habe, ihn als Vorbild des Gebets in Anspruch zu nehmen, damit er sie mit seinem Gebet beschenke.

H: Beim Gebet muß man also zwischen verschiedenen Stufen unterscheiden. Es gibt hier eine aufsteigende Linie, die am Ende in Christus selbst ihren Höhepunkt erreicht und den Beter dadurch endgültig in Gott verankert.

B: Es gibt unterschiedliche Gebetsformen, die die Tendenz haben, immer tiefer in die Innerlichkeit hineinzuführen. „Nach innen geht der geheimnisvolle Weg", hat einmal *Novalis*, ein Dichter und Denker der Romantik, gesagt. Genau diesen Pfad beschreitet das Gebet, und deswegen wird man zunächst einmal verschiedene Formen unterscheiden müssen.

Da gibt es zunächst das mündliche Gebet, und die meisten kennen gar kein anderes Gebet als dieses, bei dem man sich bestimmter vorgegebener Formen und Formeln bedient, die man sich zu eigen gemacht hat. Es gibt aber auch das betrachtende Gebet, die Meditation. Hier konzentriert man sich auf Bildaussagen des Christentums. Jesus war ja ein Schöpfer von Bildern, besonders in seinen Gleichnissen. Er selber wird in den Paulusbriefen „das Bild Gottes" (Kol 1,15) genannt, weswegen man auch Szenen aus dem Leben Jesu als Gebetsvorlagen benutzen und sich so dem betrachtenden Gebet widmen sollte. Und es gibt schließlich das beschauliche Gebet, die Kontemplation, in der nicht mehr konkrete Dinge Gegenstand des Gebetes sind, sondern die Konzentration auf die innerste Gottesbeziehung zum Gebetsinhalt wird. Das findet seine letzte Steigerung auf der vorhin angesprochenen Stufe, daß Gott selber zum Gegenstand des Gebets wird. Hier ist dann die große Lehre des Christentums von der Einwohnung Christi im Herzen des Glaubenden von ganz besonderer Bedeutung.

H: Damit nähern wir uns dem Phänomen der christlichen Mystik.

B: Unbedingt! Denn Einwohnung Christi im Herzen des Glaubenden ist gar nichts anderes als Mystik, und die Mystik beginnt zweifellos mit dem Satz des Apostels Paulus: „Ich lebe, doch nicht ich, Christus lebt in mir" (Gal 2,20). Die Paulusschule hat das später in eine Gebetsformel gebracht, und zwar in den Gebetswunsch: „Christus möge durch den Glauben in eurem Herzen wohnen" (Eph 3,17). Das ist die eigentlich christliche Mystik.

Von dieser Mystik gibt es auch Veranschaulichungen. Das sind Werke des Spätmittelalters, vor allen Dingen der süddeutschen Region. Gemeint sind damit die Skulpturen, die unter der Bezeichnung „Christus-Johannes-Gruppe" oder auch „Johannes-Minne" bekannt sind. Es gibt hier in der näheren Umgebung, in Heiligkreuztal, eine der berühmtesten Skulpturen, eine andere steht im Bode-Museum in Berlin. Diese Skulpturen haben gemeinsam, daß sie den Lieblingsjünger aus dem Kreis der Jünger beim „letzten Abendmahl" herausgelöst und mit Jesus zu einer Konfiguration zusammengefaßt haben. Das Charakteristische besteht darin, daß der Lieblingsjünger seinen Kopf zur Brust Jesu neigt, wie im Bericht vom „letzten Abendmahl" zu lesen ist, und daß er im Sinn des Wortes „myein", das soviel wie „die Augen schließen" besagt, sich den Außenreizen verschließt, um seinen Blick nach innen zu richten. Was dieser Blick nach innen besagt, wird durch die Handhaltung verdeutlicht: Mit der linken Hand greift der Lieblingsjünger nach der Hand Christi, so daß ein Kreislauf entsteht, der vom Herzen Christi ausgeht, auf den Lieblingsjünger übergreift und dann durch des Jüngers Neigung zum Herzen Jesu wieder dorthin zurückfließt. Das ist Mystik in Reinkultur! Hier wird deutlich, daß es in der Mystik wirklich um einen Herzenstausch geht: Der Mensch übergibt sich ganz Jesus Christus und wird durch ihn mit seiner Selbsthingabe beschenkt.

In diesem Zusammenhang muß immer wieder an ein Wort erinnert werden, das durch die ganze Christentumsgeschichte hindurchgegangen ist und das sich von *Irenäus von Lyon* bis zu dem großen protestantischen Theologen *William Wrede* verfolgen läßt, der einmal sagt: „Christus, der Sohn Gottes, gibt seine Gottessohnschaft auf und wird ein elender Mensch wie wir, damit wir Söhne und Töchter Gottes werden." Das ist die kürzeste Formel der christlichen Mystik, und das heißt: In der christlichen Mystik geht es um einen Akt der Selbstübereignung Jesu an den Menschen, an den betenden, mystisch orientierten Menschen. Dadurch entsteht der von mir vorhin angesprochene Kreislauf, wie er in den Christus-Johannes-Gruppen so eindrucksvoll dargestellt wird, und der darin besteht, daß der Beter in Jesus seinen Lebensinhalt entdeckt, während Jesus sich ihm mit seiner Gottessohnschaft übereignet. Das bedeutet selbstverständlich, daß der Sprecher dieses Gebets aus dem Gebet nicht so herausgeht, wie er hineingegangen ist. Hineingegangen ist er als ein schwacher und bloßer Mensch, heraus kommt er als derjenige, an den die Gottessohnschaft Jesu übereignet worden ist, als Kind Gottes. Deswegen ist die Gotteskindschaft, wie von mir wiederholt dargetan, der große Rahmenbegriff, innerhalb dessen die christliche Spiritualität sich abspielt, und gleichzeitig das Größte, was vom Menschen gesagt und angenommen werden kann.

H: Hier muß noch eine kritische Gegenfrage gestellt werden. Wir haben wiederholt davon gesprochen, daß die Identität des Menschen bewahrt werden muß. Wie steht es aber mit der sogenannten „unio mystica"? Birgt dieser Begriff der mystischen Einheit – oder sollte man Vereinigung sagen? – nicht die große Gefahr, daß die Differenz zwischen Geschöpf und Schöpfer aufgehoben wird? Das würde bedeuten, daß das Christentum auf der höchsten Höhe der Mystik vielleicht in eine pantheistische Schräglage kommen könnte. Wir wissen ja, daß bei großen Mystikern, wie z. B. bei *Meister Eckhart*, eine vermeintlich pantheistische Grundausrichtung kritisiert und verurteilt wurde. Wo liegt hier das klare Kriterium, eine solche Gefahr zu erkennen und dadurch zu vermeiden?

B: Das ist die Unterscheidung der christlichen von der orientalischen Mystik. Dort allerdings gibt es „unio mystica" in dem von Ihnen gerade beschriebenen Sinn, nämlich daß der Mensch vollkommen eingeht in den „Ozean Gottes" und am Schluß sogar vergißt, daß er ein Tropfen in diesem Ozean gewesen ist. Das ist reine pantheistische Mystik. Die christliche Mystik hat genau den entgegengesetzten Zielpunkt: Das ist ein Erwachen des Menschen zu seiner wahren Personalität. Denn wenn wir uns fragen, worin wir denn unsere Identität finden, so lautet die philosophische Antwort: Wir finden sie in unserem Selbstbegriff. Indessen gibt es auch die christliche Antwort, und dort finden wir unsere Identität in dem, der unsere Sinnfrage beantwortet, und dies nicht etwa durch eine Direktive, durch eine Formel oder durch ein Wort, sondern durch sich selbst. Das ist die Antwort, die Jesus mir dadurch gibt, daß er mir zum Lebensinhalt wird. Er ist derjenige, der mich voll und ganz zu mir selber bringt.

5. Versöhnung durch Mystik

H: Für eine positive Entwicklung der Menschheit, das heißt für eine Entwicklung zum Frieden, ist der Dialog, das Gespräch der Menschen miteinander, unverzichtbar. In diesem Kontext spielen die Religionen noch einmal eine besondere Rolle, denn ohne Frieden unter den Religionen wird es keinen Frieden unter den Menschen geben. Auf der anderen Seite wissen wir aus der Geschichte, daß gerade die Religionen sehr häufig Anlass für Kriege waren. Wenn wir nun nach einer gemeinsamen Basis für ein interreligiöses Gespräch suchen, wäre es natürlich naheliegend, das Gottesbild als Ausgangspunkt zu wählen. Nun wurde Gott aber von jeder Religion in Anspruch genommen, um in seinem Namen gegen die jeweils andere Religion für die Wahrheit zu kämpfen. Das Gottesbild allein bietet also noch kein gemeinsames Fundament für einen Dialog der Religionen. Wir müssen erst einmal nach einem methodischen Zugang zu diesem gemeinsamen Gespräch über Gott als dem absoluten Prinzip der Wirklichkeit suchen.

Meines Erachtens ist es ausschließlich der Weg des Denkens, der uns eine neue Perspektive zu eröffnen vermag. Es ist eine denknotwendige Voraussetzung, daß es nur *ein* absolutes Prinzip, das heißt, theologisch gesprochen, nur *einen* Gott geben kann. Mit anderen Worten: Alle Religionen können sich am Ende nur auf diesen einen Gott berufen. Dieser Gott ist der Ursprung von allem und als Ursprung von allem zugleich in allem anwesend. Wenn nun die christliche Mystik oder die Mystik überhaupt darin besteht, daß der Mensch sich nach innen richtet und in sich selbst bis zu einem gewissen Grad zu jenem letzten, göttlichen Grund vordringt, dann geschieht etwas, was alle Differenzierungen der Religionen überwindet und von der Immanenz in die Transzendenz zurückverweist.

Wenn man nun hiervon ausgeht, wäre es doch naheliegend anzunehmen, daß durch die Mystik eine Verständigung zwischen den divergierenden Religionen hergestellt werden könnte, ohne daß dadurch die Eigenheit der jeweiligen Religion in Frage gestellt würde.

B: Ich möchte das in einen noch aktuelleren Rahmen stellen. Wir erleben ja einen ungeheuren Tabubruch durch den Ausbruch des Irakkriegs. Nach dem Zweiten Weltkrieg haben alle kriegführenden Völker geschworen, nie mehr einen Krieg mit- und gegeneinander zu entfesseln. Dann kam die große Stunde, in der der Eiserne Vorhang zusammengebrochen ist, die Stunde der großen Befreiung und der Wiedervereinigung Deutschlands; und schließlich entstand auf dem blutgetränkten Boden Europas diese Zitadelle des Friedens, von der man zu Recht gemeint hat, von ihr müsse eine Ausstrahlung auf die ganze Welt ausgehen, und die Völker müßten endlich lernen, sich mit dem Ziel dieses Friedens zu verständigen. Stattdessen kam dieser schreckliche Krieg, der dieses Tabu zerbrochen hat. Es stellte sich dabei heraus, daß es zum Teil auch religiöse Differenzen waren, die hinter diesem Krieg standen, die Differenzen zwischen den Religionen, die unmittelbar betroffen waren: Judentum, Islam und Christentum. Deswegen werden wir hier zusehen müssen, wie sie dieser eine Gott, zu dem sich alle drei Religionen bekennen, schließlich trotz aller Differenzen und trotz der schrecklichen Vergangenheit, die auf ihnen lastet, zum Frieden führen kann. Sie haben in diesem Zusammenhang die Mystik genannt, und ich stimme Ihnen vollkommen zu: Die Mystik ist gleichsam die Rahmenbedingung, unter der diese Religionen zusammenkommen könnten, denn dogmatisch gesehen gehen sie ja auseinander; das ist eine aktuelle und akute Erfahrung, die wir immer wieder neu machen. Aber in der Mystik könnte es doch eine Übereinkunft geben. Allerdings wird man hinzufügen müssen, daß auch in der Mystik große Differenzen zwischen der islamischen, der jüdischen und der christlichen Mystik bestehen. Vielleicht sollten wir darauf noch etwas ausführlicher eingehen.

H: Zunächst möchte ich mit Ihnen noch einmal hervorheben, daß die interreligiösen Differenzen zwischen den einzelnen mystischen Richtungen nicht in deren dogmatischen Vorgaben liegen. Der durch die einzelnen Religionen theologisch vereinnahmte Gott wird in der alle Religionen verbindenden, jedoch jeweils verschieden ausgestalteten Mystik zu einem gemeinsamen Ur- und Seinsgrund. Damit ist natürlich nicht ausgeschlossen, daß durch ganz bestimmte soziale und kulturelle Bedingtheiten eine jeweils andere Form der Mystik entsteht. So besteht z. B. das christliche Spezifikum darin, daß die Personalität des Menschen auch in der mystischen Annäherung an Gott nicht aufgehoben wird, und daß auch der absolute, göttliche Urgrund selbst weiterhin personal – natürlich in analogem Sinn – verstanden wird. Diese Charakteristika sind für Christen zwar verbindlich und verbindend, rechtfertigen es jedoch in keinem Fall, Andersgläubigen und Angehörigen einer anderen Religion feindselig zu begegnen.

B: So ist es. Und in diesem Zusammenhang wird man sich jetzt doch einmal die verschiedenen mystischen Modelle genauer anschauen müssen. Denn es gibt eine jüdische Mystik, es gibt eine islamische Mystik und es gibt eine genuin christliche Mystik.

An der Wende vom 12. zum 13. Jahrhundert lebte der große islamische Mystiker *Farid al-Din Attar*. Er hat die Lehre von den sieben Tälern entwickelt: Da gibt es das Tal des Suchens, das Tal der Erkenntnis, das Tal der Liebe, das Tal der Einheit, das Tal der Bestürzung, das Tal der Auflösung und das Tal der Vernichtung. Am Ende dieser großartigen Schau der sieben Täler heißt es: „Als die Sonne der Vernichtung über mir leuchtete, bin ich ausgelöscht worden. Ich war nur noch ein Tropfen im Ozean des Mysteriums. Und jetzt finde ich auch diesen Tropfen nicht mehr." Das bedeutet, der islamische Mystiker gibt seine Identität völlig in seinen Gott hinein auf.

Ich will gar nicht widersprechen, wenn Sie meinen, daß da noch ein Rest von Personalität übrigbleibt, doch läßt sie sich nicht mehr dingfest machen. Der islamische Mystiker findet den Tropfen nicht mehr im Ozean des Göttlichen. Das aber könnte nun tatsächlich ein Weg zum Frieden sein. Denn der Mystiker, der diese Sätze formulierte, hatte überhaupt keinen Anlaß, sich mit seinen Mitmenschen in irgendeiner Weise anzulegen, sie zu bekämpfen oder gar einen Krieg anzuzetteln. Deswegen wird man sagen müssen: In dem Wort „Islam" steckt eine Wurzel, die mit dem hebräischen „Schalom" zu tun hat: „Islam" – „Schalom", das klingt nicht nur gleich, sondern ist auch wurzelverwandt. Das heißt, daß diese beiden Religionen – trotz der Selbstdarstellung des Islam in der Geschichte als Schwertreligion – von ihrem Ursprung her Religionen des Friedens sind. Vergleichbares läßt sich auch von der jüdischen Mystik sagen, in deren Zentrum die „Schechina" steht, die zur Weisheit fortentwickelt wird. Die Weisheit aber ist ein Kind Gottes, und von ihr wird gesagt: „Sie nahm Wohnung in heiligen Seelen und bildete sie zu Gottesfreunden und Propheten heran" (Weish 7,27). Hier klingt das Motiv der Gottesfreundschaft an: eine Einladung zu Verständigung und Versöhnung. Das ist nach meinem Verständnis ein Vorgriff auf das Zentrum der christlichen Mystik, denn im Zentrum der christlichen Mystik steht die Idee der „Einwohnung Christi". Dies wird vorweggenommen in der Weisheitslehre, wonach die Weisheit uns einwohnt, und mit der Weisheit kommt ein Prinzip in das Denken und Wollen des Menschen hinein, das jeder polemischen, aggressiven oder gar kriegerischen Auseinandersetzung diametral entgegensteht. Insofern wird man sagen können, daß im Grunde alle abrahamitischen Religionen von ihrer Wurzel her Friedensreligionen sind. Das müßte meines Erachtens gerade in der heutigen politischen und kulturellen Auseinandersetzung neu aktiviert und ins Bewußtsein gebracht werden. Das ist die große Lebensaufgabe eines jeden von uns, denn keiner von uns kann wünschen, daß es so weitergeht, wie es sich jetzt unter den gegenwärtigen politischen Verhältnissen abzeichnet. Vielmehr muß es jedem von uns am Herzen liegen, daß endlich das große Versprechen der Geschichte eingelöst wird, das durch die Errichtung des europäischen Hauses zementiert worden ist, nämlich daß der von den Menschen seit Jahrtausenden ersehnte Weltfriede endlich bei uns Einzug halte.

H: Man kann das im Prinzip auch über die theistischen Religionen hinaus ausdehnen auf die pantheistisch-mystischen Religionen östlicher Provenienz, denn auch dort haben wir das gleiche Phänomen, welches am Ende auf ein Gottesverständnis hinausläuft, in dem kein Ansatz für eine Aggression gegen eine andere Denkweise zu finden ist. Das sollte die Basis und ein möglicher Ausgangspunkt für ein friedliches Zusammenleben und den interreligiösen Dialog sein.

B: Das gilt natürlich in erster Linie vom Buddhismus. Der Buddhismus hat seine Größe darin, daß er den Menschen die Neigung zur Aggressivität aus der Seele zu nehmen sucht. Das ist der Weg ins Nirwana hinein. Positiv gesehen ist das der Weg zu einer absolut friedvollen Grundeinstellung. Deswegen können wir getrost auch diese andere große Weltreligion, den Buddhismus, in unser Konzept einbeziehen. Ich plädiere mit allem Nachdruck dafür, daß das endlich einmal ins allgemeine Bewußtsein gehoben, und daß dabei ein Anfang bei der Sprache gemacht wird. Das gilt in erster Linie von der unseligen Kombination von Krieg und Frieden; denn wer „Krieg und Frieden" sagt, der hat den Frieden bereits an den nächsten Krieg verraten. Diese mißglückte Verbindung muß durchbrochen, und es muß endlich gezeigt werden, daß dort, wo Menschen unter menschenwürdigen Verhältnissen leben wollen, Frieden herrschen muß, und daß im Frieden allein die Garantie für eine humane Zukunft der Menschheit gegeben ist.

H: Diese Überlegungen haben natürlich schwerwiegende Konsequenzen, auch für das Selbstverständnis des Christentums. Wir wissen ja, daß das Christentum Gott lange Zeit in einer Weise für sich vereinnahmt hat, die es ihm ermöglichte, Grund und Rechtfertigung dafür zu finden, gegen andere Krieg zu führen, andere Menschen zu vernichten und andere Religionen zu bekämpfen. Es ist vielleicht kein Zufall, wenn wir feststellen müssen, daß die Mystik im Christentum immer mit mißtrauischem Vorbehalt betrachtet wurde. Wahrscheinlich ahnte man, daß die Mystik ein Potential in sich birgt, das geeignet wäre, die starren Formen der Kirche in Frage zu stellen. Bereits die Mystik von *Meister Eckhart* wurde von der etablierten Kirche als Infragestellung kirchlicher Lehre und damit kirchlicher Strukturen verstanden.

B: Das kann man voll und ganz unterschreiben, denn die Mystik wurde immer als ein Gegenprinzip zur Hierarchie und zum Dogmatismus empfunden, und das sicher nicht zu Unrecht. Die Mystik will etwas, was über all diese Differenzen hinausgreift und die Menschen zusammenführt. Deswegen wird man davon ausgehen müssen, daß die Mystik als Gegenprinzip zur Polemik zu gelten hat. Ich habe auch die Erfahrung gemacht, daß immer dann, wenn sich im Bereich des Christentums eine Ideologisierung des Glaubens durchzusetzen begann, die Mystik ausgeblendet worden ist. Wir müssen die Mystik wieder im Interesse einer menschlichen und christlichen Zukunft hereinholen, was nicht nur im Interesse jedes vernünftigen Menschen liegt, sondern in allererster Linie im Interesse Jesu Christi! Jesus ist der große Friedensbringer und Friedensbote: „Frieden hinterlasse ich euch, meinen Frieden gebe ich euch. Nicht einen Frieden, wie die Welt ihn gibt, gebe ich euch" (Joh 14,27). Und im Epheserbrief steht ja der fundamentale Satz: „Er ist unser Friede" (Eph 2,14). Er hat nicht nur den Frieden gewollt, den Frieden gebracht, sondern er ist der leibhaftige, inkarnierte Friede der Welt. Und so muß Jesus denn auch im Christentum wieder zur Geltung gebracht werden: nicht als ein Gegenstand der konfessionellen und ideologischen Entzweiung, sondern als Inbegriff der Versöhnung, der Toleranz und des Friedens.

H: Wir sind von den Weltreligionen ausgegangen und haben anschließend von den abrahamitischen Religionen gesprochen. Dessenungeachtet sehen wir uns selbst mit der konfessionellen Spaltung innerhalb des Christentums konfrontiert. Ich denke jedoch, angesichts der großen und universalen Verständigungsnotwendigkeit und -möglichkeit sollten die interreligiösen und interkonfessionellen Differenzen behoben werden können.

B: Das kann man nur unterstreichen, denn es ist der erklärte Wille des Stifters des Christentums, daß seine Gläubigen eine Einheit bilden, und nur dann, wenn diese Einheit gegeben ist, kommt seine Botschaft voll zum Tragen. Es ist eine Botschaft der Versöhnung und insbesondere der Toleranz und des Friedens.

6. Das Vaterunser

H: Wenn im Raum des Christentums von Gebet gesprochen wird, dann wendet sich die Aufmerksamkeit sehr schnell dem Vaterunser zu, dem Herrengebet. Es ist uns von Jesus selbst gelehrt worden und hat deshalb eine herausragende Bedeutung. Es hat geradezu normativen Charakter für christliches Beten. Angesichts dieser Tatsache ist es etwas überraschend, feststellen zu müssen, daß im Neuen Testament, bei Matthäus (Mt 6,9–13) und bei Lukas (Lk 11,2–4), zwei unterschiedliche Fassungen dieses Gebetes vorliegen. Wie ist das bei einem so zentralen Text möglich, bei dem davon auszugehen ist, daß er von Jesus selbst stammt, auch wenn man vielleicht mit einer gewissen Großzügigkeit bei der Niederschrift damit umgegangen sein sollte? Zugleich bezieht sich diese Frage auch auf die Entstehung des Neuen Testaments und auf die Kriterien, nach denen diese Schriften verstanden und ausgelegt werden müssen.

B: Das Neue Testament wird ja oft mit einem vom Himmel gefallenen Buch verwechselt. Das ist die Idee einer primären Buchreligion, wie dies beispielsweise im Islam der Fall ist: Dort ist das Buch, der Koran, in der

„Nacht der Macht" durch Allah an den Propheten Mohammed herabgesandt worden. Auch im Christentum gibt es manche Sekten, wie etwa die Mormonen, die eine ähnlich fundamentalistische Vorstellung haben. Doch es muß ganz klar gesagt werden: Das Christentum hat seinen Ursprung in dem Gedanken der Gottesoffenbarung, die sich, christlich gesehen, zunächst nicht in einem Buch konkretisiert, sondern in einer Person, in der Person Jesu Christi. Er ist der inkarnierte, Mensch gewordene Sohn Gottes, in dem Gott sich ausgesprochen hat. Schon im Laufe seiner Frühgeschichte ist das Christentum dann allerdings zur Schriftreligion geworden. Das hatte mehrere Gründe.

Zum einen war bereits das Judentum eine Schriftreligion; doch konnte auch das Christentum nur dadurch zu seiner weltweiten Bedeutung gelangen, daß es schriftlich verbreitet worden ist. Das besagt, die Offenbarung in Jesus Christus ist jetzt ins Medium des Menschlichen eingetreten. Und das heißt noch konkreter: Jetzt haben Autoren sich die Mühe gemacht, das, was man von Jesus – der ja bekanntlich selber nie geschrieben oder auch nur irgend jemandem den Auftrag zum Schreiben erteilt hat – wissen konnte, zu dokumentieren. Auf der Basis dieser Dokumentation entstand die von den Exegeten postulierte und analysierte Spruchquelle. Aus dieser Spruchquelle und ihrer Fortbildung gingen die vier Evangelien hervor. Die Evangelien sind also der schriftliche Niederschlag der Gottesoffenbarung in Jesus Christus und sie müssen als solcher verstanden und gewürdigt werden.

Das bringt es nun mit sich, daß diese Evangelien, weil es ja deren vier gibt, unterschiedliche Perspektiven entwickeln, übrigens nicht nur oberflächlicher, sondern auch grundlegender Art. Einer dieser Unterschiede betrifft das Vaterunser mit seinen beiden Fassungen. Die eine Fassung ist weltbekannt und braucht nicht in Erinnerung gerufen zu werden. Aber die andere des Lukasevangeliums, die Sie angesprochen haben, ist weniger bekannt und sollte jetzt doch einmal zitiert werden. Sie lautet: „Vater, dein Name werde geheiligt, dein Reich komme, unser ausreichendes Brot gib uns heute und vergib uns unsere Schulden, denn auch wir vergeben unseren Schuldnern und führe uns nicht in Versuchung" (Lk 11,2 ff.). Das ist also die zweite, die lukanische Fassung.

H: Über die einzelnen Bitten werden wir ja in den nächsten Sendungen ausführlich sprechen, deshalb wäre jetzt zu fragen, wie es zu dieser Differenz zwischen lukanischer und matthäischer Fassung kam.

B: Matthäus geht zunächst einmal von einer Kritik des Pharisäismus aus. „Macht", sagt Jesus, „es nicht so wie die Pharisäer, diese Heuchler. Sie wollen bei ihren Gebeten gesehen werden. Sie treten auf in den Synagogen, besetzen die vordersten Sitze und lassen sich auf den öffentlichen Plätzen sehen, wenn sie ihre Gebete verrichten. Bei euch sollte es nicht so sein. Wenn ihr beten wollt, dann geht in eure Kammer, schließt die Tür hinter euch zu und dann betet zu eurem Vater" (Mt 6,5f.). Das ist die matthäische Version.

Bei Lukas haben wir ein anderes Szenarium. Da kommen die Jünger, die Jesus beim Gebet beobachtet hatten, einmal zu ihm, diesem „größten Beter der ganzen Menschheitsgeschichte", wie *Friedrich Heiler* ihn nannte, und bitten ihn (Lk 11,1): „Herr, lehre uns doch auch beten!" Und sie berufen sich dabei auf Johannes den Täufer, der ebenfalls, wie wir an dieser Stelle erfahren, seinen Jüngern Gebete mit auf den Weg gegeben hat. Und dann sagt Jesus: „Wenn ihr beten wollt, so sprecht: ‚Abba, Vater'" (Lk 11,2).

Hinter diesen beiden Fassungen stecken aber nicht nur situative, sondern grundlegende Differenzen, denn das Matthäusevangelium ist ein judenchristlich eingefärbtes Evangelium, das nach *Eduard Lohse* „tief im jüdischen Erbe verwurzelt" ist, was heute leider viel zu wenig bei der Interpretation berücksichtigt wird. Für die Ethik des Matthäusevangeliums kommt es vor allem auf die Umsetzung der Botschaft an, und dabei darf, wie es in der Bergpredigt heißt, vom Gesetz des Mose „kein Jota und kein Häkchen verlorengehen" (Mt 5,18). Gleichzeitig enthält es aber eine ganze Reihe elementarer Jesusworte wie die Einladung an die Bedrückten und Beladenen: „Kommt her zu mir, ihr Bedrückten und Bedrängten, ich will euch Ruhe geben" (Mt 11,28), die er zum Tragen seines Jochs auffordert: „Nehmt mein Joch auf euch und lernt von mir. Ich bin demütig und sanftmütig von Herzen" (Mt 11,29), oder seine Zusicherung: „Wo zwei oder drei in meinem Namen versammelt sind, da bin ich mitten unter ihnen" (Mt 18,20). Dennoch dominiert bei Matthäus am Ende der Gerichtsgedanke – am Schluß steht konsequenterweise das „Gleichnis vom Weltgericht" –, freilich in einer ausgesprochen humanen Form. Denn gerichtet wird nicht nach dem Buchstaben des Gesetzes, sondern nach der Maxime: „Was ihr einem meiner geringsten Brüder getan habt, das habt ihr mir getan" (Mt 25,40). Auf jeden Fall steht jetzt am Ende der Gerichtsgedanke, und nicht zufällig hat der Evangelist Matthäus auch den Kern der Bergpredigt abgeschwächt. Gleichwohl liegt der Hauptakzent auf dem Tun, nicht wie bei Paulus auf dem Glauben.

Bei der Rekonstruktion des Vaterunsers geht es aber um den Unterschied zur Lukasversion. Symptomatisch für diesen Unterschied ist die andere Version des Schlüsselsatzes der Bergpredigt, der bei Lukas die unge-

heure und kaum jemals ausgelotete Fassung hat: „Gott ist gütig, sogar
gegen die Undankbaren und gegen die Bösen" (Lk 6,35). Wenn man sich
das zu Herzen nimmt, gewinnt man ein völlig neues Gottesbild, ein Gottesbild, das über alles erhaben ist, was wir uns von Gott und göttlicher Gerechtigkeit zurechtgelegt haben und uns darunter vorstellen: ein Gott, der
sogar gütig ist gegen die Undankbaren. Dabei muß bedacht werden, daß
Undankbarkeit das Schrecklichste ist, was der durch und durch kontingente Mensch, der seine ganze Existenz, sein ganzes Sein und Können einzig und allein Gott verdankt, diesem Gott antun und sich ihm gegenüber
herausnehmen kann. Wir müßten eigentlich täglich vor Gott auf den
Knien liegen, um ihm für das, was wir sind und leisten können, zu danken.
Deswegen ist es vielleicht das Erstaunlichste, daß Gott gütig ist sogar gegen
die Undankbaren, gegen die Verbrecher und gegen die Bösen.

Wie aber gibt Matthäus diesen Schlüsselsatz wieder? Bei ihm heißt es:
„Er läßt seine Sonne aufgehen über Bösen und Guten, und er läßt regnen
über Gerechte und Ungerechte" (Mt 5,45). Das ist zwar hochpoetisch, ver-
glichen mit Lukas aber eine eindeutige Abschwächung. Und das schlägt
nun durch auf das Vaterunser. Deswegen heißt es bei Matthäus am Anfang
nicht „Vater", sondern „Vater unser", obwohl doch jedermann weiß, daß
man mit einer appellativen Anrede kein Possessivpronomen verbinden
kann. Matthäus hingegen riskiert diese sprachliche Unmöglichkeit, um
uns zu zeigen, daß wir nicht im selben Sinn wie Jesus zu Gott „Vater"
sagen können. Das geht durch das ganze Vaterunser hindurch weiter bis
hin zu dem schockierenden Schlußwort: „Und führe uns nicht in Versuchung", das auch noch abgeschwächt wird durch den Zusatz: „sondern
erlöse uns von dem Bösen" (Mt 6,13). Dadurch verliert dieser Abschluß
seine Vehemenz und Wucht. Das bedeutet aber, daß Matthäus das Vaterunser in einer abgeschwächten Form überliefert. Worin die eigentliche
Differenz besteht, sagt das Johannesevangelium, wenn Jesus der Osterzeu-
gin Maria von Magdala erklärt: „Jetzt steige ich auf zu meinem Vater und
eurem Vater" (Joh 20,17). Da wird ganz klar unterschieden: Ihr habt in
Gott zwar auch den Vater, aber nicht im selben Sinn wie ich. Und das liegt
wie ein Schatten über der Version des Matthäusevangelisten.

Das Lukasevangelium führt uns dagegen in der Tat ein in die Art und
Weise, wie Jesus selbst gebetet hat; denn Jesus denkt im Lukasevangelium
nicht daran, uns von seinem Gebet zu distanzieren, sondern er nimmt uns
in sein Beten hinein. Wenn man das noch etwas vertiefen darf: Betend und
mit uns zusammen betend, nimmt er uns in sein Gottesverhältnis hinein.
Deswegen sind die ersten Bitten des Vaterunsers eigentlich eine Ekstase.

Das „Vater" in seinen ersten Bitten reißt uns aus den Niederungen unseres Daseins empor und bringt uns in eine Gebets- und Denkgemeinschaft mit Jesus. Wir sollen seine Sorgen in uns aufnehmen. Wir sollen mit ihm seine Sorgen teilen, und die lauten: „Dein Name werde geheiligt, dein Reich komme" (Lk 11,2). Das ist der große Unterschied.

H: Mit diesen aufschlußreichen Ausführungen erklären Sie nicht nur die beiden verschiedenen Fassungen des Vaterunsers, sondern sagen darüber hinaus auch Grundsätzliches zum Verständnis des Neuen Testaments als ganzem. Die fundamentalistische Vorstellung, daß im Neuen Testament jedes Wort unangetastet bleiben müsse, weil es gewissermaßen vom Heiligen Geist diktiert sei, ist unhaltbar. Sie haben gezeigt, daß das Neue Testament im Grunde genommen verschiedene, mitunter sogar divergierende Aussagen und Theologien enthält, die, um adäquat verstanden zu werden, erst einer Auslegung bedürfen, um dann miteinander in Übereinstimmung gebracht zu werden. Wir wissen aus der Theologie- und Kirchengeschichte, daß das nicht immer so gehandhabt wurde, und daß auch häufig eine einseitige Auswahl und Auslegung der Aussagen Jesu vorgenommen bzw. diese Aussagen aus dem Kontext gerissen wurden – ein Vorgehen, das durchaus auch Kernaussagen des Evangeliums entstellen und verfälschen konnte und das nicht unbedingt theologisch motiviert war.

B: Wenn wir davon ausgehen, daß die Gottesoffenbarung für uns Christen in der Person Jesu besteht, daß er also das leibhaftige Wort Gottes ist, müßten wir bei der Auslegung des Neuen Testaments Jesus konsequenterweise als leibhaftiges Interpretament, als Lesehilfe und Schlüssel an jeden Satz des Neuen Testaments herantragen, was dann erhebliche Folgen haben würde. Die von Ihnen angesprochenen Formulierungen, die uns manchmal in Angst und Schrecken versetzen, wenn da etwa von Gericht, von Bedrohungen und gar von der Hölle die Rede ist, würden alle verblassen, weil sie vor ihm nicht standhielten. Andere Aussagen hingegen, über die man hinweggelesen und die man als marginal empfunden hat, würden plötzlich zu leuchten beginnen. Davon gibt es eine ganze Reihe, eine habe ich bereits genannt: „Kommt her zu mir, ihr Bedrückten und Bedrängten, ich will euch aufatmen lassen" (Mt 11,28). *Sören Kierkegaard* hat in diesem Satz, den er im Lichte Jesu gelesen hat, das Zentrum des ganzen Neuen Testaments entdeckt. Aber es gibt noch einen weiteren Satz Jesu, über den man nicht genug nachdenken kann: „Ich bin nicht gekommen, um mich bedienen zu lassen, sondern um zu dienen" (Mt 20,28). Wenn man überlegt, was das heißt, dann unterscheidet sich Jesus von allen anderen Wohltätern und Führern der Menschheit dadurch, daß er sich uns schenkt, daß

er somit das große Gottesgeschenk ist, wie es Paulus in seinem Hymnus
auf die Liebe (Röm 8,31f.) sagt: „Wenn Gott mit uns ist, wer ist dann
gegen uns? Und wenn er seinen eigenen Sohn nicht geschont, sondern ihn
für uns hingegeben hat, wie sollte er uns nicht mit ihm alles schenken?"
Jesus ist das große Gottesgeschenk – das müssen wir uns gesagt sein lassen
und zu würdigen lernen.

H: Wenn also die Lebensleistung Jesu Leitprinzip und Richtschnur für
die Auslegung des Neuen Testaments ist, dann muß sie das auch für jede
verbindliche Äußerung der Kirche sein!

7. Das revolutionäre „Abba" – Vater

H: Das Vaterunser ist wohl das bekannteste Gebet der Christenheit. Bei
allen Texten, die sehr geläufig, sehr bekannt sind, besteht natürlich die
große Gefahr, daß im Laufe der Zeit die Tiefendimension ihrer Aussagen
mehr oder weniger aus den Augen verloren wird, daß die Rezeption oberflächlich bleibt, und daß man meint, man hätte bereits alles verstanden.
Nun ist aber in unserem Text allein schon die Anrede „Abba", die Tatsache,
daß der Mensch den absoluten Gott hier liebevoll als Vater ansprechen
kann, eine Ungeheuerlichkeit. Sie selbst, Herr Kollege Biser, sehen aber gerade darin die eigentliche, umwälzende Entdeckung Jesu und bezeichnen
Jesus deshalb als den größten Revolutionär der Religionsgeschichte. In diesem einen Wort „Abba" ist also das ganze Wesen des Christentums impliziert, von diesem Wort her muß alles entfaltet werden.

B: Das ist das Wort, das in die Mitte des Christentums hineinführt und
das deswegen auch in dieser Bedeutung immer wieder neu in Erinnerung
gerufen und erschlossen werden muß. Allerdings steht Jesus hier in einem
Verdacht: Auf der einen Seite hat einer der großen evangelischen Theologen, *Joachim Jeremias*, 1966 ein Buch mit dem lapidaren Titel „Abba" her-
ausgebracht und hat genau das gesagt, was Sie gerade eben in Erinnerung
gerufen haben: daß in dieser Anrede das Herzstück der Botschaft Jesu besteht, daß sie der Schlüsselsatz seines ganzen Denkens und seiner ganzen
Gottesverkündigung ist. Aber dann hat man andererseits Einwendungen
gemacht, denn im 98. Psalm gibt es eine Stelle, die das vorauszunehmen
scheint und wohl in gewisser Hinsicht auch vorausgenommen hat. Da
heißt es: „Er wird zu mir rufen, mein Vater bist du, Gott, du Gott meines
Heils." Das ist eine fast wörtliche Vorwegnahme dieses „Abba", „Vater".
Deswegen gab es auch in der Theologie die Tendenz, dieses „Abba" abzu-

schwächen und zu sagen, das hat es schon längst gegeben, wenn auch nicht in dieser ausdrücklichen Form. Aber immerhin, es ist im Alten Testament schon da.

Diesem Einwand kann man nur eines entgegenhalten: Was Jesus hier tut, ist eine Innovation! Zu einer Innovation gehört nämlich nicht, daß es das, was sie ans Licht bringt, vorher nie gegeben hat. Zu einer Innovation gehört vielmehr, daß Vorgaben plötzlich in einer neuen Bedeutung erschlossen, entdeckt und zur Geltung gebracht werden.

Dazu zwei Beispiele: Sie sind ein großer Musikkenner, wie ich weiß, und deshalb kann ich die Mozartvariationen von *Max Reger* als musikalisches Beispiel anführen. Diese beginnen mit dem wunderbaren Rokokothema aus der A-Dur-Sonate von *Wolfgang Amadeus Mozart*. Aber dann holt *Reger* Töne heraus, wie man sie diesem einfachen Thema nie zugetraut hätte, und am Schluß der Choralfuge kommt es zu einer wahren Apotheose des Mozartthemas. Ich könnte auch noch ein geistesgeschichtliches Beispiel heranziehen, das „cogito, ergo sum" des *René Descartes*. Ihm hat sein Freund *Marin Mersenne* vorgehalten, das „cogito" sei überhaupt nichts Neues, denn bereits *Augustinus* habe sinngemäß ähnlich argumentiert: Ich denke, deswegen kann ich mich nicht wegdenken. *Augustinus* hat in der Tat dieses Wort als Waffe gegen die Skeptiker seiner Zeit eingesetzt und gesagt: „Man kann, wenn man alles bezweifelt, an einer Tatsache nicht zweifeln, nämlich daran, daß man denkt und daß man Zweifelserlebnisse hat." Doch was *Descartes* getan hat, war etwas vollkommen anderes. Er hat dieses defensive Argument zum Fundament der Philosophie gemacht. Er hat erkannt, daß man auf diesen Satz die Philosophie neu begründen kann, und deswegen war der Einwand von *Mersenne* eigentlich gegenstandslos.

Und genau das möchte ich jetzt von Jesus sagen. Ich bleibe dabei, daß es alttestamentliche und vielleicht auch religionsgeschichtliche Vorlagen gegeben hat, aber im Munde Jesu wird daraus etwas vollkommen Neues. Er hat wahrhaftig eine Innovation herbeigeführt, mehr noch: Er hat die größte Revolution in der ganzen Religionsgeschichte der Menschheit bewirkt. Diese Revolution bezieht sich auf die Perspektive Gottes, denn die Menschheit hat durch Israel Gott in seiner personalen Einheit und Einzigkeit entdeckt. Es ist und bleibt die Großtat Israels in der Religionsgeschichte, aufgewiesen zu haben, daß Gott ein einziger, personaler Gott ist und außerdem einer, mit dem man reden kann, der sich mitgeteilt hat und deshalb angerufen werden kann. Das war eine ungeheure Innovation. Jedoch blieb diese Neuerung gleichsam auf halber Strecke stecken, weil dieser Gott, so wie die Menschheit ihn gedacht hat, ein ambivalenter und zwiespältiger Gott war, einer, der auf der einen Seite als gütiger Vater und hilfreicher Betreuer seiner Geschöpfe galt, auf der anderen Seite aber auch als der unnachsichtige Richter, der gegebenenfalls die seine Gebote Verletzenden in die Hölle stürzen konnte. Deswegen war dieses Gottesbild der Menschheit von Anfang an, und es blieb das auch noch im Judentum, zwiespältig im Sinne des „mysterium tremendum" und „mysterium fascinosum". So hat der Religionswissenschaftler *Rudolf Otto* es auf den Punkt gebracht: ein Geheimnis, das gleichzeitig faszinierend und erschreckend ist. Jesus aber, der nach meinem Verständnis auch der größte Psychologe der Menschheit war, wußte, daß man mit einem solchen Gott nicht ins reine kommen kann, denn immer dann, wenn man sich seiner Güte erfreuen möchte, muß man fürchten, auch mit seiner dunklen Seite konfrontiert zu werden. Genau das hat den Menschen nie zur inneren Ruhe finden lassen. Und wenn es wahr ist, daß „das Menschenherz unruhig ist, bis es Ruhe gefunden hat in Gott", wie der Eingangssatz von *Augustins* ‚Bekenntnissen' sagt, dann geht es darum, einen Gott zu entdecken, der uns wirklich zum inneren Frieden in ihm führt. Die Großtat Jesu besteht dann darin, daß er den zwischen Trost und Schrecken oszillierenden Gott durch den Gott der bedingungslosen Liebe überwunden hat. Genau das wird durch das „Abba" artikuliert, genau das verbirgt sich hinter dieser Anrede.

H: Nun wäre dagegen einzuwenden, daß dieses „Abba" über fast zweitausend Jahre genau in jenem Sinn gebetet und gesprochen wurde, den Sie jetzt mit Entschiedenheit zurückweisen, nämlich als Anrufung jenes ambivalenten Vaters, den man nicht nur lieben darf und kann, sondern den man auch fürchten muß. Wenn ich die theologische Literatur unserer Zeit überblicke, dann vermute ich, daß Ihre Auslegung nur von wenigen Autoren geteilt wird. Ganz im Gegenteil: Viele werfen Ihnen vor, daß durch dieses Gottesverständnis der Mensch nicht nur in die Beliebigkeit absinke, sondern daß es auch der Annahme Vorschub leiste, es sei am Ende gleichgültig, ob der Mensch gut oder schlecht handle. Dazu sollten Sie ein Wort sagen!

B: Das werde ich gerne tun, denn diese Meinung ist ja in letzter Zeit noch dadurch forciert worden, daß eine Reihe jüngerer Theologen die dunkle Seite Gottes hervorkehrte, ja, daß es sogar ein Plädoyer für den Zorn Gottes gibt, der endlich wieder ins Zentrum des Glaubensbewußtseins gehoben werden müsse. Das ist ein komplettes Mißverständnis, denn der Gott der bedingungslosen Liebe ist alles andere als ein Gott der Beliebigkeit, der alles toleriert und alles hinnimmt. Er ist vielmehr, wie es schon der Begriff der Bedingungslosigkeit andeutet, der Gott der größten Herausforderung, die darin besteht, in der gleißenden Sonne der bedingungslosen Liebe Gottes zu stehen. Dies stellt zwar auf der einen Seite für den Menschen eine ungeheure Beglückung dar, weil seine verschollenen und unterdrückten Kompetenzen freigelegt werden, und weil er unter dieser Gottessonne regelrecht aufblüht; doch ist es zugleich die größte Herausforderung, sofern dieser Gott sagt: „So, wie ich dich liebe, mußt du mich lieben, aber auch alle, die Menschenantlitz tragen." Und das ist eine Forderung, der der Mensch von Grund auf gar nicht entsprechen kann.

H: Wenn also Ihre Interpretation dieser Stelle zutrifft, woran ich nicht zweifle, dann muß man natürlich nach den Motiven fragen, warum dieser Sachverhalt auch anders verstanden werden kann, oder warum man einen ambivalenten Gott haben will. Das ist nicht nur eine Frage der wissenschaftlichen Auslegung des Neuen Testaments, sondern vermutlich auch eine Frage der Intention, die man mit dieser Auslegung verfolgt. Was bezweckt eine solche Funktionalisierung des Gottesbegriffs? Die Beantwortung dieser Frage wird deutlich machen, daß Ihre Position die spezifisch christliche ist.

B: Und das kann auch wirklich gesagt werden, denn der Mensch sucht ja in Gott die letzte Erklärung für seine Geschichtserfahrung und für seine persönliche Lebenserfahrung. In der Geschichte hat es immer schon Aufschwünge gegeben, aber auch Abstürze, Katastrophen, Kriege und alles erdenkliche Elend. Genauso im Menschenleben: Da gibt es beglückende Stunden der Begegnung, Stunden der Freude, Stunden der Liebe, aber es gibt leider auch das genaue Gegenteil, niederschmetternde Erlebnisse, Enttäuschungen, Verbitterungen und schließlich Krankheit und Tod. Und da sucht die Menschheit nun in Gott den letzten Grund. Aber Gott ist eben nicht der zwiespältige Gott – und darin bestehen die große Lebensleistung und Entdeckung Jesu –, sondern der eindeutige Gott der bedingungslosen Liebe.

Natürlich gibt es jetzt das Problem, wie dieser Gott uns Leid und Elend zumuten oder wie dieser Gott uns in den Abgrund unserer Krisen und unseres Elends stürzen kann. Das bleibt eine Frage, die wir, soweit es nur möglich ist, klären müssen. Um die Lösung kurz anzudeuten, so konnte Gott nur eine endliche Welt schaffen, weil eine unendliche zu seiner Selbstaufhebung geführt hätte. In der endlichen Welt aber herrschen Leid und Tod. Insbesondere ist der Mensch vom Stachel der Endlichkeit dadurch am schwersten getroffen, daß er leiden und sterben muß. Darauf

gibt es im Grunde nur die zentral christliche Antwort, daß sich Gott selbst
dem Leiden unterwarf, um es in Tod und Auferstehung Jesu zu überwinden.

Aber über alldem steht die Gottesentdeckung Jesu, die dazu geführt hat,
daß die Menschen keinen Grund mehr in Gott finden können, sich am
Ende sogar als die Handlanger und Werkzeuge eines drohenden und
strafenden Gottes zu empfinden, wie das in allen Religionskriegen geschehen ist – und leider nicht nur in den martialischen Auseinandersetzungen, sondern auch in den subtilen und strukturellen, die es immer
noch gibt.

Deswegen muß dieser Gott Jesu Christi endlich neu in den Blick gebracht werden. Dies konnte so lange nicht geschehen, solange die Kirchen
Gewalt gebilligt, oft und lange Jahrhunderte hindurch aber auch ausgeübt
haben. So lange lag eine dunkle Wolke über der Mitte des Evangeliums.
Erst durch das Zweite Vatikanische Konzil, das diese Gewaltaktivitäten verworfen und an die Stelle des Gewaltprinzips das Dialogprinzip gesetzt hat,
ist wenigstens prinzipiell diese Decke von der Mitte des Evangeliums weg-
genommen worden. Daher hat die Theologie seit diesem Konzil zum ersten Mal die große Chance, zur Mitte des Evangeliums durchzubrechen
und den Gott wiederzufinden, den Jesus für die Menschen entdeckt, den er
gepredigt, den er mit seinen Kämpfen durchzusetzen versucht und den er
schließlich in seinem Kreuzestod für uns alle erlitten hat: den Gott der bedingungslosen Liebe!

H: Ihre Ausführungen beziehen sich natürlich nicht nur und nicht primär auf die Vergangenheit. Sie sind vielmehr eine unmittelbare Aufforderung an die Verantwortlichen in der Kirche, auch in dieser Frage endlich
das Zentrum des Christentums wiederzufinden und in die Tat umzusetzen.

8. Geheiligt werde dein Name

H: Mit dem Vaterunser hat Jesus selbst dem christlichen Beter eine
Grundorientierung gegeben, die ihn auf das Wesentliche konzentriert und
ihn zugleich davon abhält, in Belangloses abzugleiten. Die erste Bitte, „geheiligt werde dein Name", erschließt sich nicht unmittelbar; man muß
dazu auf den hebräischen, alttestamentlichen Sprachgebrauch zurückgreifen. Dort steht der Name für die Wirklichkeit des absolut transzendenten,
ewigen Gottes. Wenn von ihm gesagt wird, er soll geheiligt werden, dann
müssen wir auch das Wort „heilig" vom Alten Testament her verstehen.

„Kadosch" bedeutet, daß Gott der „Ganz-Andere" ist, das heißt also jener singuläre Fall von absoluter Wirklichkeit, den es nicht zweimal und schon gar nicht in unserer Welt gibt. Mit anderen Worten, es ist damit das Bekenntnis zur absoluten Transzendenz Gottes verbunden. Gleichzeitig steht am Anfang des Gebets das Wort „Abba, Vater", womit gesagt wird, daß dieser absolute Gott sich gleichwohl in unsere Welt hineinbegeben hat und sich um den Menschen kümmert; genau das ist das Grundbekenntnis des Christentums. Damit haben wir zwei Dimensionen dieser Bitte. Die eine ist, daß wir die Existenz Gottes bekennen und vor der Welt bezeugen, und die andere, daß wir zugleich als Christen davon überzeugt sind und dies ebenso bekennen, daß Gott in diese Welt um der Menschen willen eingegriffen hat.

B: Zweifellos wird man sich in diesem Zusammenhang noch einmal daran erinnern müssen, daß es zu den größten religionsgeschichtlichen Leistungen gehört, daß Israel im Verbund der antiken Religionen den epochalen Durchbruch vollzogen hat, an den einen, überweltlichen Gott zu glauben, der aber gleichzeitig der Welt näher ist als sie sich selbst. Und darin ist auch begründet, daß dieser Gott sich erschlossen, mitgeteilt und geoffenbart hat. Aber Sie haben natürlich recht, da gibt es eine Barriere, und die besteht vor allem im Begriff des Namens.

Der Name ist für uns mehr oder weniger ein Etikett für eine Sache. So heißt es bei Faust: „Gefühl ist alles, Name ist Schall und Rauch". Und so begreifen wir dann wohl auch diese Vaterunser-Bitte. Wie Sie mit Recht gesagt haben, ist das jedoch völlig unhaltbar. Das Gegenteil ist der Fall. Der Name steht für das Wesen der Sache und bezeichnet ihren Kern. In diesem Kontext möchte ich daran erinnern, daß keiner der alttestamentlichen Propheten Jesus so nahestand wie der Prophet Jeremia, von dem es in diesem Zusammenhang ein wunderbares Wort gibt: „Fanden sich Worte von dir", so sagt er zu seinem Gott, „so verschlang ich sie. Dein Wort, o Herr, war mir Wonne und Herzensfreude. Denn dein Name war über mir ausgerufen, Jahwe, Gott Zebaoth" (Jer 15,16). Das ist womöglich eine Brücke, um jetzt noch tiefer in das Geheimnis des göttlichen Namens einzudringen. Es ist das Geheimnis des transzendenten und zugleich durch seine Offenbarung nahen Gottes, eines Gottes, der mit sich reden läßt, weil er sich mitteilt. Deswegen wird man an dieser Stelle natürlich noch einmal nachfragen müssen, was diese göttliche Mitteilung bedeutet.

Das Christentum ist eine Offenbarungsreligion. Es teilt diese Qualität mit dem Judentum und dem Islam, aber im Christentum ist die Offenbarung weder ein Gesetz wie für das Judentum, noch eine Schrift wie für

den Islam, sondern die Person des Offenbarers. Man kann sich als Christ
nie genug klarmachen, daß uns in dem menschgewordenen Gottessohn
alles gesagt ist, was sich Gott vom Herzen gerissen hat, um es uns mitzu-
teilen. Deswegen ist auch die Bitte „Geheiligt werde dein Name" noch in-
tensiver zu verstehen als einem beim ersten Hören eingeht. Es handelt
sich um das sogenannte „passivum divinum", das Passiv, in dem Gott
selbst für die Heiligung seines Namens eingefordert wird. Es ist in allererster Linie die Sache Gottes selber, daß sein Name geheiligt wird. Was dann
natürlich heißt, daß Jesus uns mit dieser Bitte in sein eigenes Gebetsanlie-
gen hineinnimmt. Das Gebet, wie Jesus es uns gegeben hat, ist eine Übereinkunft mit seinem innersten Herzensanliegen. Er nimmt uns mit unseren Sorgen, wie wir dann später noch deutlicher hören werden, in sein
großes Anliegen hinein. Es besteht nach der ersten Vaterunser-Bitte in der
Heiligung des göttlichen Namens, und das besagt: in der Entdeckung
jenes Gottes, den kein Philosoph erkunden konnte, den kein Mystiker
erschlossen, den kein Beter empfunden hat, jenes Gottes, der einzig und
allein auf seine uneinklagbare Selbstmitteilung zurückgeht und der
deswegen im Grunde nur für sich selbst einstehen kann, wenn es um die
Heiligung seines Namens geht.

Aber er will dieses Interesse mit uns teilen. Wir sollen hineingenommen
werden in dieses Anliegen, wie Sie ja vorhin mit Recht gesagt haben. Und
darin ist eingeschlossen, daß wir uns für die Sache dieses Gottes einsetzen
und nach Kräften dafür sorgen sollen, daß dieser Gott in dieser Welt kein
Unbekannter bleibt, sondern in die Herzen aller Menschen eindringt.

H: In diesem Zusammenhang tritt ein besonderes Problem auf. Es handelt sich um die Frage: Wie kann man einer weitgehend atheistischen Welt
die Wirklichkeit der Existenz Gottes vermitteln? Besteht die Möglichkeit,
direkt von der göttlichen Selbsterschließung her den Glauben zu begründen? Oder sind wir nicht auch genötigt, auf die entsprechenden Vorgaben
der Philosophie und ihrer rationalen Argumentation zurückzugreifen, um
wenigstens die Grundtatsache der Existenz Gottes vorweg zu klären? Nur
unter dieser Voraussetzung wird die Selbsterschließung Gottes in Jesus
Christus denkbar.

B: Wir müssen natürlich versuchen, den Atheismus von seinen Wurzeln her anzugreifen. Das kann wohl am besten dadurch geschehen, daß
wir ihm die christliche Alternative entgegenstellen und ihn erstens daraufhin befragen, ob er für die großen Anliegen des Menschen eine überzeu-
gende Antwort hat, und zweitens daraufhin, ob er dem Menschen zeigen
kann, warum er überhaupt da ist, und schließlich, ob er dem Menschen zu

irgendeiner glaubhaften Sinnfindung verhelfen kann. In diesen Grundfragen wird der Atheismus passen müssen. Er kann keine Antwort geben, weil er keinen letzten Erklärungsgrund hat. Und wenn ich Sie richtig verstanden habe, haben Sie auch auf die Gottesbeweise der Philosophie hingewiesen. Selbstverständlich sind auch diese hilfreich und für manch einen überzeugend.

Aber ich denke, die wirkliche Überzeugung wird nur dadurch erfolgen können, daß wir dem Atheismus die christliche Alternative entgegenhalten und klarmachen, was das Christentum dem Menschen bedeuten will! Daß es ihn nicht nur mit einer Lehre konfrontiert, sondern darauf ausgeht, den Menschen über sich selbst hinauszuheben und ihm ein neues Weltverhältnis, aber auch ein neues Selbstverhältnis angedeihen zu lassen. Das ist die christliche Alternative. Und wenn man diese den Atheisten vor Augen führt, müßte wohl jeder denkende Mensch dem Christentum wenigstens Gehör schenken.

H: ... und eine Chance geben! Hier stoßen wir auch auf den problematischen Sachverhalt der Mission, denn diese Bitte beinhaltet, daß wir für die Selbsterschließung Gottes in Jesus Christus Zeugnis ablegen sollen. Die Kirche hat diesen Gedanken jedoch in einer Weise durch die Jahrhunderte praktiziert, die man unter keinen Umständen akzeptieren kann: Sie hat mit Gewalt missioniert. Nach Ihrer mit Nachdruck wiederholten Feststellung ist das Christentum so lange nicht realisiert, als damit Gewalt verbunden ist. Daher stehen wir jetzt vor der Frage, wie sich das Christentum vor dieser Welt bezeugen und von seinem Sinnangebot Kunde geben soll, ohne wieder zurückzufallen in diese hoffentlich vergangenen Zeiten.

B: Ich möchte das, was Sie zu pauschalisierend gesagt haben, doch ein wenig korrigieren. Es wurde nicht immer und nur mit Gewalt missioniert, sondern der Christenglaube wurde auch durch wagemutige Missionare in die Welt hineingetragen. Als *Franz Xaver* bis nach Indien, China und Japan gelangte, hatte er keine Rückendeckung durch eine Gewaltherrschaft. Und erst recht gilt das vom größten Missionar der Christenheit: vom Apostel Paulus. In seinem bekannten Leidenskatalog beschreibt er, was er bei seinem Versuch, die ihm erreichbare Welt für Christus zu gewinnen, an Strapazen und Torturen ausgestanden hat. Er setzte alles auf die Überzeugungskraft seiner Person und seines Wortes. Das waren seine Waffen. Aber insgesamt stimmt natürlich Ihr Einwand.

In diesem Zusammenhang muß man sich einmal ins Bewußtsein rufen, daß das Christentum eigentlich keine Konkurrenz anderen Religionen gegenüber darstellt, sondern daß es zu allen anderen Religionen quersteht:

Das ist, glaube ich, viel zu wenig begriffen worden. Das Christentum will nicht etwas anderes, sondern es will das Ganze anders haben, als es durch die Religionen vermittelt wird. Das hängt selbstverständlich mit seinem Gottesbegriff zusammen. Der Gottesbegriff des Christentums liegt eben nicht auf der Linie des Gottesbegriffs der Weltreligionen einschließlich des Judentums. Es ist ein Gott, der nicht durch die Ambivalenz von Trost und Schrecken, von Faszination und Drohungen charakterisiert ist, sondern ein Gott der bedingungslosen Liebe. Es gibt in der ganzen großen Reihe der Weltreligionen keine, die dem auch nur nahekommt, geschweige denn mit ihm kompatibel ist. Deswegen hat das Christentum eine echte missionarische Aufgabe, die allerdings in dem von mir angesprochenen Sinn neu definiert, neu entdeckt und dann auch praktiziert werden müßte: keine kämpferische Auseinandersetzung mit den anderen Religionen, sondern das Geltendmachen einer religiösen Vision, wie sie in dieser Form sonst in keiner anderen Religion gegeben ist.

H: Daß die letzte Deklaration des Zweiten Vatikanums, die Erklärung über die Religionsfreiheit, eine zentrale Funktion in einer solchen Konzeption haben muß, bedarf keiner weiteren Erläuterung. Die freie Entscheidung des je Einzelnen und die Unverfügbarkeit der Gnade Gottes müssen unbedingt gewahrt werden, um auf die Fehlentwicklungen dieser Geschichte, die das Christentum hatte, eine neue Antwort zu suchen. Einer der Urheber dieser Depravation des Christentums war der späte *Augustinus*, der mit Nachdruck festgestellt hat, man solle die Menschen zwingen, in die Kirche einzutreten. Spuren dieser Entwicklung lassen sich bis in die Gegenwart verfolgen. Wenn aber das Spezifische des Christentums in dieser Hinsicht verwirklicht werden soll, muß ein neuer Anfang gemacht werden.

B: Sie haben zu Recht darauf angespielt, daß nach meiner Überzeugung das Zweite Vatikanum eine völlige Innovation herbeigeführt hat. Es brach, zumindest prinzipiell, mit der Tradition der gewalttätigen Glaubensvermittlung, die tatsächlich von fast allen Religionen praktiziert worden ist, und hat statt dessen auf das Prinzip des Dialogs gesetzt, auf eine Lösung der Konflikte in menschlich-dialogischer Art. Das hat für mich bedeutet, daß durch dieses Konzil die Hülle vom Antlitz des Christentums, gleichsam von seiner Mitte, weggezogen und diese Mitte neu erschlossen worden ist. Dazu gehört dann ganz selbstverständlich auch das von Ihnen angesprochene Element der Religionsfreiheit. Das hängt ursächlich mit dem Gott der Liebe zusammen. Dieser Gott der Liebe zwingt niemanden, sondern er lädt den Menschen ein, er bietet ihm eine Chance, er bittet ihn geradezu darum, ihn wahrzunehmen und ihm in sein Geheimnis hinein zu folgen. Das ist die neue Art, wie das Christentum Menschen zur Religion führen will. Zweifellos muß in dieser Hinsicht vieles dazugelernt werden, was in der Vergangenheit verschüttet, vergessen oder gar verraten worden ist.

H: Wenn wir das Gewicht dieses Konzils herausstellen, dann müssen wir der Ehrlichkeit halber auch zur Kenntnis nehmen, daß die derzeitige kirchliche Situation eher dahin tendiert, hinter die Beschlüsse des Zweiten Vatikanums zurückzufallen, als diese überzeugt und überzeugend in die Wirklichkeit umzusetzen.

B: Wenn Sie mir all das im alten Pontifikat gesagt hätten, hätte ich nur zustimmen können. Nun aber haben wir einen Papst, der mit seiner Enzyklika ‚Gott ist die Liebe' erstmals die Mitte des Christentums wie vor ihm kein anderer angesprochen hat. Das stellt auch die Leistung des Zweiten Vatikanums in ein neues Licht.

Wir haben in diesem Zusammenhang eine ganz große Aufgabe zu lösen. Das Zweite Vatikanum hat seine eigene Leistung vielleicht selbst nicht voll begriffen. Wir haben die Aufgabe, jetzt endlich in diesem Punkt Klarheit zu schaffen und diese große Kirchenversammlung als das größte Zeitzeichen der Kirche seit Jahrhunderten geltend zu machen. Wenn uns das gelingt, haben wir einen wesentlichen Beitrag zur Lösung der religiösen Konflikte geleistet.

9. Dein Reich komme

H: Die Vaterunser-Bitte „Dein Reich komme" ist uns auf den ersten Blick so selbstverständlich, daß wir in unserer Vertrautheit mit ihr Gefahr laufen, sie falsch zu verstehen. Woher hat Jesus den Begriff vom „Reich Gottes"? Ist dieser Begriff überhaupt jesuanischen Ursprungs oder handelt es sich hierbei um eine von Jesus intendierte Wirklichkeit, die nicht „auf den Begriff" zu bringen ist, weil sie sich im Prozeß des Werdens befindet?

B: Ganz richtig! „Reich Gottes" ist zunächst einmal eine Bezeichnung, die als solche geklärt werden muß. Wenn man das auch nur ansatzweise versucht, dann wird man bei einer Stelle fündig, die der Markusevangelist ganz bewußt an den Anfang der öffentlichen Tätigkeit Jesu gestellt hat. Da heißt es: „Die Zeit ist da, das Reich Gottes ist nahe. Kehrt um und glaubt an die Heilsbotschaft" (Mk 1,15). Der Matthäusevangelist hat statt vom „Reich Gottes" vom „Himmelreich" (Mt 3,2) gesprochen und dadurch einem Mißverständnis Vorschub geleistet, was dazu führte, daß viele das „Reich Gottes" als eine jenseitige Größe aufgefaßt haben, wovon aber überhaupt nicht die Rede sein kann. Wenn es so ist, wie es bei Markus heißt: „Die Zeit ist da, das Reich Gottes ist nahe", dann spricht Jesus diese Botschaft in seine konkrete Situation hinein und damit auch in die unsere! Aber die Frage ist erstens, wie er zu diesem Begriff kommt, und vor allen Dingen zweitens, was er damit meint.

Auf die erste Frage antwortet eine Vision des Buches Daniel. Jesus steht ja zweifellos auf den Schultern der alttestamentlichen Propheten. Er gehört in ihre Reihe hinein und hat deswegen vieles von ihnen übernommen und in seine Botschaft integriert. Aber er hat in der Reihe dieser Propheten auch die große Innovation herbeigeführt. Das war seine epochale Lebensleistung, und dazu gehört nun auch die Erkenntnis, daß er den Begriff „Reich Gottes" zwar nicht frei erfunden, sondern aus der alttestamentlichen Tradition übernommen, wohl aber mit neuem Inhalt gefüllt hat. Dazu gibt es im Buche Daniel eine instruktive Szene. Es ist eine Vision, die hinaufführt vor den Thron Gottes. Vor diesen Thron, den Thron des Hochbetagten, wie es heißt, wird der Menschensohn geführt (Dan 7,13f.). Der Menschensohn ist nach jüdischer Vorstellung der Repräsentant Israels in seinen positiven wie problematischen Zügen. Er muß einstehen für die Sünden des Volkes, er trägt aber auch die Gebete des Volkes vor das Antlitz Gottes. Es muß nach meinem Verständnis einmal den erregenden Augenblick im Leben Jesu gegeben haben – darauf deuten einige Schriftstellen besonders bei Lukas und Johannes hin –, wo ihm klar wurde, daß er selbst mit diesem himmlischen Menschensohn gemeint war. Und wenn wir davon ausgehen, daß er sich mit diesem Menschensohn, wie er es in seiner Selbstbezeichnung immer wieder durchscheinen läßt, identifiziert, heißt das in der Konsequenz, daß auch die Aufgabe des Menschensohns in seine Hand gefallen ist. Und diese Aufgabe bestand darin, das Reich Gottes heraufzuführen. So kommt Jesus zum Begriff „Reich Gottes".

Jetzt stellt sich die zweite Frage, was das in Jesu Vokabular, in seiner Denk- und Verstehensweise bedeutet. Das ist eine Frage, an der sehr viele Theologen bis auf den heutigen Tag gescheitert sind. Aber es gibt einen großen Theologen der altchristlichen Zeit, der zweifellos das Zutreffendste dazu gesagt hat, was sich sagen läßt. Es handelt sich um *Origenes von Alexandrien*. Er nannte Jesus einmal den „Autologos", was heißt, er ist „das Wort in Person". Er nannte ihn sodann die „Autosophia", und das heißt, er ist „die Weisheit in Person", und schließlich nannte er ihn die „Autobasileia" oder „das Gottesreich in Person". Demnach ist das Gottesreich eine

Metapher für Jesus selbst. Jesus kann natürlich nicht mit seinem Selbstbewußtsein, „Sohn Gottes" zu sein, an die Öffentlichkeit treten. Niemand
würde ihm das abnehmen; andere würden ihn dafür steinigen, denn das
hätte ihm unweigerlich den Vorwurf der Gotteslästerung eingetragen. Deshalb gebraucht er eine Metapher, die man die Metapher seiner Sozialutopie nennen könnte: Er spricht vom „Reich Gottes", meint aber sich selbst.
Wenn er also vom „Reich Gottes" spricht, muß er gleichzeitig von seiner
großen Aufgabe sprechen, die ganze Welt zu verwandeln, ihr ein neues Gesicht zu geben und sie auf eine höhere Seinsstufe zu heben, so daß nicht
mehr Mord und Totschlag die Tagesordnung bestimmen, sondern Liebe,
Barmherzigkeit, gegenseitige Anerkennung und Hilfsbereitschaft. So erscheint das „Reich Gottes" als seine große Sozialutopie.

H: Was Sie eben sagten, bedeutet doch eine starke Korrektur der gängigen Vorstellungen vom „Reich Gottes", vor allem im Sinne des Himmel-
reichs. Man hat – gerade auch wieder ab dem 19. Jahrhundert –, den neu-
platonischen Einflüssen folgend, die Hoffnungen und Erwartungen der
ganzen Christenheit immer mehr auf das Jenseits ausgerichtet und damit
diese Welt, das Hier und Jetzt, mehr oder weniger aufgegeben. Konzentriere dich auf die andere Welt und: „Rette deine Seele!", dieses berühmte
Wort steht beispielhaft für die Aufforderung, sich um die irdischen Belan-
ge nicht zu kümmern.

Nun folgt aber aus dem, was Sie sagten, die genaue Umkehrung dieser
Weisung, denn jetzt bedeutet Christsein, das „Reich Gottes" in unserer je
heutigen Zeit und Welt zu realisieren. Das verlangt nicht nur von jedem
einzelnen Christen, sondern auch von der Kirche als ganzer ein außer-
ordentliches soziales Engagement.

B: Genau das muß gesagt und gezeigt werden. Es wird aber noch etwas
anderes hinzukommen müssen: ein Gespür für die ungeheure Dringlichkeit, mit der Jesus das „Reich Gottes" verkündet hat. Ein Symptom dieser
Dringlichkeit ist die Tatsache, daß Jesus in diesem Zusammenhang zum
Sprachschöpfer geworden ist. Er wird einmal von den Pharisäern gefragt
(Lk 17,20 f.): „Zeig uns doch das von dir ständig angesprochene und ver-
kündete Reich Gottes." Und Jesus antwortet dem Sinn nach: Das ist unmöglich. Man kann es nicht einbringen in das Koordinatensystem von
Raum und Zeit. Es zeigt sich nicht in sichtbarer Erscheinung. „Es ist mit-
ten unter euch" (Lk 17,21). Damit steht er vor der ungeheuer schwierigen
Aufgabe, etwas, was sich nicht definieren, sich nicht veranschaulichen und
auf den Begriff bringen läßt, den Menschen nahezubringen. Unter dem
Druck, daß das trotzdem geschehen muß, wird er nun zum großen

Sprachschöpfer. Jesus wird ja meistens als eine Gestalt der Religions-
geschichte eingeschätzt, aber er ist noch etwas ganz anderes, nämlich eine
Gestalt der Sozialgeschichte und der Sprachgeschichte. Er wird zum
Schöpfer seiner Gleichnisse.

Sehr viele Christen lesen diese Gleichnisse mit Interesse, manchmal
sogar mit Betroffenheit, und können doch nichts Richtiges mit ihnen an-
fangen. Die passende Antwort auf die Frage, was Gleichnisse sind, lautet:
Sie sind sprachliche Einübungen in das Geheimnis des Gottesreiches.
„Euch ist es gegeben, das Geheimnis des Gottesreiches zu erkennen" (Mk
4,11), sagt Jesus zu seinen Jüngern, als er seine Gleichnisreden zusammen-
faßt. Gleichnisse sind die Sprachform, in der Jesus sein großes Herzensanliegen zum Ausdruck bringt: Er muß, er kann nicht anders, als das
„Reich Gottes" zu verkünden. Und weil er sich und seine Aufgabe mit uns
teilen will, gilt das, was Sie gerade gesagt haben. Wir müssen uns als die
mit ihm in Pflicht Genommenen verstehen und begreifen lernen. Wir
müssen versuchen, dieser Welt ein besseres Gesicht zu geben, als es sich
tatsächlich Tag für Tag, gerade auch in unseren Tagen, zeigt. Wir müssen
versuchen, diese Welt zunächst einmal menschlicher, aber auch göttlicher
zu machen, als sie tatsächlich ist. Und wenn wir letzteres versuchen, wird
sich das Menschliche ergeben.

H: In diesem Kontext stellt sich noch eine weitere Frage, nämlich die
nach der Parusie, nach der Wiederkunft Christi, die in der frühen Kirche
erwartet worden war. Wie verhalten sich das „Reich Gottes" und diese
„Naherwartung" zueinander, und welche Konsequenzen hatte das Ausbleiben der Parusie?

B: Es war dies eine der schweren Krisen, mit der sich die junge Kirche
auseinandersetzen mußte. Jesus selber sprach in einer Weise vom „Reich
Gottes", als ob es in Bälde anbrechen würde. Das war ja auch der große,
tragende Impuls, weswegen die junge Christenheit alles andere vergaß,
weil sie nur auf die Nähe des „Reiches Gottes" blickte und seine baldige
Ankunft erwartete. Es gehörte dann zu den schweren Enttäuschungen der
jungen Christenheit, die Tatsache verarbeiten zu müssen, daß das „Reich
Gottes" so rasch, wie sie es sich erträumt hatte, nicht gekommen ist. Aber
diese Parusie-Verzögerung hatte auch ihre positive Wirkung, denn jetzt
mußten die Christen endlich einsehen, daß ihre Aufgabe in dieser Welt bestand, und daß im Acker dieser Welt der Samen des „Reiches Gottes" gesät
und zum Blühen und Reifen gebracht werden mußte. Und sie haben es ge-
lernt. Allerdings ebbte im Lauf der Zeit auch der ursprüngliche Schwung
ab und erstarb schließlich, so daß man nun versuchte, mit Drohungen und

Strafen dem nachzuhelfen, was der ursprüngliche Enthusiasmus auf eine viel bessere Weise erreicht hatte. Daher müssen wir wieder zu einem Begriff des „Reiches Gottes" zurückfinden, der uns innerlich inspiriert und uns zeigt: Da liegt die Aufgabe, eine Aufgabe, von der Jesus will, daß wir zusammen mit ihm zu Werkleuten und Mitgestaltern dieses „Reiches Gottes" werden. Wenn wir das tun, haben wir zweifellos eine mächtige Barriere überwunden und unseren möglichen Beitrag dazu geleistet, daß diese Welt, die sich doch weitgehend als eine Welt von Blut und Tränen darstellt, endlich ein menschliches Gesicht bekommt.

H: Mit anderen Worten: Die Zukunft der gesamten Welt liegt darin, daß sich der „Reich Gottes"-Gedanke immer mehr durchsetzt und schließlich die ganze Welt beherrscht, so daß kein Raum mehr bleibt für das Negative.

B: Ganz richtig. Und für uns ist wichtig, daß wir das Gefühl entwickeln, hier ein Anliegen Jesu übernommen zu haben, und daß wir in seine große Sorge einstimmen: „Sucht zuerst das Reich Gottes und seine Gerechtigkeit, dann wird euch alles andere hinzugegeben werden" (Mt 6,33).

H: Angesichts dieser überzeugenden Interpretation des „Reiches Gottes" sollte man vielleicht noch einen Blick auf den Mißbrauch dieses Gedankens im Laufe der Geschichte werfen.

B: Das ist unabdingbar notwendig, denn das „Reich Gottes" ist auch mißdeutet worden, und zwar durch jene, die sich bewußt oder unbewußt an die Stelle Jesu gesetzt haben. Das „Dritte Reich" ist ausdrücklich unter Berufung auf den Reichsgedanken angetreten, der nicht etwa auf die Wilhelminische Ära zurückzuführen ist, sondern auf einen großen Denker des 12. Jahrhunderts, *Joachim von Fiore*, zurückgeht, der aber unter dem von ihm angekündigten „Dritten Reich" das Reich des Geistes und der Liebe verstanden hat. Das „Dritte Reich", wie es dann die Welt unter der terroristischen Diktatur *Adolf Hitlers* erlebte, ist die schlimmste Pervertierung dessen, was *Joachim* und was insbesondere Jesus unter diesem Gedanken verstanden haben. Im „Dritten Reich" ist nichts anderes als eine blasphemische Pervertierung des „Reich Gottes"-Gedankens praktiziert worden. Ähnliches gilt für den Stalinismus.

10. Unser tägliches Brot

H: Die Bitte um „unser tägliches Brot" braucht man niemandem zu erklären. Auch wer zu den Glücklichen zählt, die nie am eigenen Leib erlebt haben, was Hunger und Not bedeuten, bekommt eine Vorstellung davon, wenn er die täglichen Medienberichte verfolgt. Trotzdem sollte man den Wortlaut dieser Bitte etwas genauer ansehen, denn wenn man bedenkt, daß nicht nur um „mein", sondern um „unser" Brot gebetet wird, kommt einem diese Bitte nicht mehr so leicht über die Lippen. Damit ist nämlich ein Maß an Weltverantwortung verbunden, das wir im Grunde genommen gar nicht tragen können. Wir können um das tägliche Brot ja nur bitten, wenn wir um die Aufhebung der Not und des Hungers in der ganzen Welt bitten. Daraus ergibt sich eine Vielzahl an theologischen und zugleich praktischen, christlich-sozialen Problemen.

B: Das trifft schon in der Weise zu, daß wir uns bisher im Vaterunser nur in der Vertikalen bewegt haben. Wir sind gleichsam mit Jesus eines Sinnes geworden, haben mit ihm seine große Sorge um das Kommen des Gottesreichs zu teilen gesucht und darüber beinahe die Welt vergessen. Doch jetzt zeigt das Vaterunser, daß das eine Täuschung war, daß das Gegenteil zutrifft, und daß Jesus uns bereitmachen wollte, auf unsere ganz konkreten alltäglichen Sorgen, und das heißt auch, auf die Sorgen aller, einzugehen. Es gehört also auch das von Ihnen angesprochene Moment der Universalität dazu, denn bisher hat es immer nur gelautet: „Dein Name werde geheiligt, dein Reich komme." Alles drehte sich um das Verhältnis von „Gott und Seele", wie sich *Augustinus* ausdrückte. Jetzt aber sprechen wir im Plural: „Unser tägliches Brot gib uns heute."

Indessen gibt es da noch eine andere Schwierigkeit, die in dem Wort „täglich", „epiusios" im Griechischen, besteht. Der große frühchristliche Theologe *Origenes* hat sich bei allen Gelehrten seiner Zeit, die er erreichen konnte, umgehört, ob sie diesen Ausdruck kennen, und sie haben verneint. Das heißt, daß dieses Wort vollkommen singulär im Vokabular des Neuen Testaments steht, und im Grunde niemand genau weiß, was damit gemeint ist. Deshalb wurde unlängst der Vorschlag gemacht, anders zu übersetzen, nämlich: „Gib uns heute unser Brot für morgen." Doch das widerspricht dem, was wir im Evangelium lesen, denn dort gibt es jenes große Lehrgedicht, in dem Jesus von den Sorgen des Menschen spricht und sagt: „Macht euch keine Sorgen um das, was ihr essen, trinken und anziehen werdet. Betrachtet die Vögel des Himmels: Sie säen nicht, sie ernten nicht und sammeln keine Vorräte in Scheunen; und doch ernährt sie euer himmlischer Vater. Betrachtet die Lilien des Feldes, wie sie wachsen: Sie arbeiten nicht und spinnen nicht. Doch ich sage euch: Selbst Salomo in seiner Königspracht war nicht so schön gekleidet wie eine einzige von ihnen. Macht euch also keine Sorgen" (Mt 6,25–31).

In diesem Zusammenhang steht der Satz, auf den es mir besonders ankommt: „Sorgt euch also nicht um den morgigen Tag; denn der wird euch genug Sorgen bringen. Sorgt euch um den heutigen Tag, denn jeder Tag hat genug an seiner eigenen Plage" (Mt 6,34). Darin liegt natürlich ein Rückverweis: Das Vaterunser darf an dieser Stelle nicht als Bitte für morgen interpretiert werden, sondern für heute. Damit rückt die Sorge ins Blickfeld des Interesses. Der Mensch ist, wie *Martin Heidegger* in seiner Alltagsanalyse gezeigt hat, „das Wesen der Sorge". Auch in dem Wort Fürsorge und Vorsorge ist davon die Rede. Der Mensch ist sich selber immer voraus. Er bedenkt das, was auf ihn zukommt, und er bedenkt das, was er tun muß, um für die Aufgaben von morgen und übermorgen gerüstet zu sein. Er läuft dabei aber Gefahr, sich in dieser Sorge zu verlieren, denn er macht immer wieder die Erfahrung, die Jesus mit dem Wort zum Ausdruck gebracht hat: „Was sorgt ihr euch denn; ihr könnt ja mit all euren Sorgen eurer Lebenslänge nicht einmal eine Elle hinzufügen" (Lk 12,25). Deswegen will er, daß wir unsere Sorgen in den Gedanken der göttlichen Vorsehung einbeziehen. Das ist ein Gedanke, der viel zu wenig reflektiert und den Menschen nahegebracht wird, aber ein Gedanke, der für Jesus grundlegend ist. Für ihn ist Gott der in Wahrheit für uns Sorgende. In seiner Vorsehung sieht er, was auf uns zukommt; und wir können nichts Vernünftigeres tun, als unsere täglichen Sorgen in seine zu integrieren, uns gleichsam in die göttliche Vorsehung einzubetten, in der Gewißheit, daß erst in diesem Zusammenspiel von göttlicher Vorsehung und menschlicher Sorge etwas Gedeihliches zustande kommt.

H: Gerade die göttliche „providentia" stellt für uns jedoch ein ganz besonderes Problem dar. Vielleicht ist das der Grund, weshalb wir nicht allzuoft davon sprechen. Wir können das, was in unserer Welt an Leidvollem und Bösem geschieht, nicht ertragen oder einfach hinnehmen, ohne uns zu fragen: Wie kann Gott das zulassen, wo bleibt sie, die göttliche Providenz, wie sollen wir all das Negative, das sich in der Welt ereignet, mit der göttlichen Vorsorge bzw. Vorsehung in Einklang bringen?

B: Man müßte natürlich auch einmal die Gegenrechnung aufmachen und daran denken, wieviel wir, ohne etwas geleistet zu haben, täglich empfangen. Daß wir beide hier sitzen, einigermaßen gesund, und von unserem Verstand einen sinnvollen Gebrauch machen können, ist ja alles andere als selbstverständlich. Es ist uns gegeben, es ist uns geschenkt. Wir vergessen immer wieder, was wir Gott zu danken haben. Deswegen ist für Jesus auch die Undankbarkeit Gott gegenüber die verwerflichste Einstellung des Menschen, schlimmer sogar als die Bosheit. Wenn er in seiner Bergpredigt von Gott sagt, er sei gütig, sogar gegen die Undankbaren und Bösen, bezeichnet er die Undankbarkeit als die schlimmste der menschlichen Fehlhaltungen. Wir sollten nie vergessen, daß wir von uns aus überhaupt nichts sind und leisten können, was uns nicht gegeben und gewährt ist. Deswegen muß an dieser Stelle eine große Korrektur stattfinden. Erst wenn wir dankbar registrieren, was wir ständig jeden Augenblick empfangen, erst dann haben wir ein Recht, uns über das Leid und Unglück in der Welt zu beschweren.

H: Trotzdem möchte ich meine Frage noch einmal wiederholen: Welchen Sinn erfahren wir im Leiden, vor allem aber auch im Erleiden des Bösen, wenn Gott als der Sinngrund menschlichen Lebens gilt? Warum und wozu dies alles?

Dieser Widerspruch führt uns mit innerer Notwendigkeit zum Theodizee-Problem und zur Frage nach der Gerechtigkeit Gottes.

B: Das ist eine Frage, die nach meinem Verständnis in einem allerletzten Sinn nicht beantwortet werden kann. Es muß in diesem Zusammenhang auch einmal gesagt werden, daß Theologen immer nur einen Teil der Weltprobleme, niemals alle lösen können. Es bleibt ein Rest von unbeantwortbaren Fragen. *Romano Guardini* hat davon gesprochen, und ungeachtet all dessen, was er gedacht hat, blieb auch für ihn ein Rest unlösbar. Dieses unlösbare Restproblem bezieht sich auf die Kontingenz der Welt, auf die Tatsache, daß Gott keine vollkommene Welt schaffen konnte. Denn eine vollkommene Welt wäre ein zweiter Gott gewesen, was die Selbstaufhebung Gottes bedeutet hätte: die reine Absurdität! Wenn Gott eine Welt schaffen wollte – und genau da liegt das Problem, das wir letztlich nicht aufklären können –, konnte es nur eine endliche, eine kontingente oder, wie der Apostel Paulus sich ausgedrückt hat, eine „der Nichtigkeit unterworfene Welt" sein. Paulus hat auch in aller Klarheit gesagt: Das ist eine Welt, die in Wehen liegt, die in Seufzen und Stöhnen ihren Weg geht, getragen allerdings von der Hoffnung, daß wir am Ende das wunderbare Ziel der universalen Gotteskindschaft erreichen werden. Aber er spricht eben auch mit aller Deutlichkeit von den Wehen, den Schmerzen, dem Seufzen und Stöhnen (Röm 8,18–23). Was er mit dieser Metapher meint, das haben Sie vorhin angesprochen: das Unglück derjenigen, die auf die Schattenseite des Lebens geraten sind, der Behinderten, Unglücklichen und vom Dasein Enttäuschten.

H: Wenn wir also in dieser Weise nach Gottes Gerechtigkeit fragen, werden wir auf die erste Vaterunser-Bitte, „geheiligt werde dein Name", zurückverwiesen. Es kommt darin zum Ausdruck, daß Gott eben der „Ganz-Andere", der von uns nie Begreifbare ist, und daß wir deshalb all das, was wir nicht erklären können, auch nicht einfordern dürfen, weil wir es nie einfordern können, denn Gottes Geheimnis bleibt uns letztlich immer verschlossen.

B: Das ist richtig. Aber es gibt auch noch eine andere Tatsache, die wir in diesem Zusammenhang nicht unerwähnt lassen dürfen. Dieser Gott in seiner ganzen Unbegreiflichkeit, von der Sie gerade gesprochen haben, in seiner radikalen Transzendenz, der ist uns entgegengekommen: Er ist in seinem eingeborenen Sohn zu uns herabgestiegen, und dieser Jesus hat die ganze Not und Last eines Menschenlebens, mit all seinen Kämpfen und Leiden, auf sich genommen, und am Ende sogar den Tod am Kreuz. Da hat uns Gott gleichsam die Gegenrechnung zu der präsentiert, die wir ihm so gerne vor Augen halten: Er hat in seinem gekreuzigten Sohn das ganze Leid der Welt auf sich genommen, was man bei all diesen Überlegungen nie aus den Augen verlieren darf. Dem Christentum geht es um eine Antwort auf das Theodizee-Problem, die alles sprengt, was je darüber gedacht und gesagt worden ist, und diese Antwort ist das Kreuz Christi.

H: Nur auf diesem Weg, wenn überhaupt, kann also unser Problem „gelöst" bzw. ertragen werden. Alle rationalen Versuche, zwischen der existentiellen Erfahrung von Leid, Übel, Bösem und Ungerechtigkeit in dieser Welt und dem Anspruch der Gerechtigkeit, Weisheit, Allmacht und Güte Gottes auszugleichen, führen uns nicht weiter, weil die traditionellen philosophischen und theologischen Antwortversuche nicht sehen, daß wir hier an Grenzen gelangen, die durch Interpretation und begreifendes Verstehen nicht überwunden werden können. Die Theodizee-Frage ist nicht lösbar, das göttliche Handeln ist nicht hinterfragbar: Wir werden hier mit Gott konfrontiert, der sich in Jesus Christus mit dieser Welt und mit den Menschen solidarisiert hat.

B: Sie haben gerade das richtige Stichwort – „ertragen" – genannt. Es geht nicht nur darum, diese Welt zu verstehen, so sinnvoll und hilfreich das auch immer ist; vielmehr geht es um die Bereitschaft und um die Fähigkeit, diese Welt zu ertragen. Das gehört mit zum Grundanliegen jedes Menschen. Er muß sich selber ertragen; denn manchmal ist er mit sich einverstanden, manchmal aber auch gar nicht. Er muß den Mitmenschen ertragen und er muß dann auch die Welt in ihrer Kontingenz ertragen lernen. Das gehört integrierend zu einem vollgültigen Menschenleben. Man kann nicht nur das Positive für sich reklamieren. Man muß sich auch mit den Grenzen, die uns selbst, aber auch unseren Mitmenschen und der ganzen Welt gesetzt sind, abfinden. Deswegen meine ich, daß wir dieses neue Moment, das Sie mit Recht angesprochen haben, viel stärker als bisher zur Geltung bringen müssen. Wir müssen uns und unsere Welt ertragen lernen!

H: Damit kommt die entscheidende, letzte Grenze in den Blick, über die noch zu sprechen sein wird: der Tod des Menschen. Der Mensch muß in irgendeiner Weise mit dem Problem des Todes grundsätzlich und persönlich zurechtkommen.

B: Das Christentum ist die einzige Religion, die im Unterschied zu allen anderen das Todesproblem nicht nur beschwichtigt, sondern aufgearbeitet hat. In diesem Zusammenhang wird viel zu wenig bedacht, was die Auferstehung Jesu Christi für das Verständnis des Todes bedeutet. Sie ist das eigentliche Ereignis der Todüberwindung, das als solches gewürdigt werden muß.

11. Vergib uns unsere Schuld

H: Ähnlich wie die Bitte um das „tägliche Brot" knüpft auch die Bitte um die „Vergebung der Schuld" unmittelbar an unsere Lebenserfahrung an. Jedermann weiß, daß er schon einmal schuldig geworden ist und wieder schuldig werden wird; und wir wissen, daß dieser Kreislauf des „Unrecht-Tuns" und „Unrecht-Erleidens" im Grunde genommen im kleinen wie im großen den Gang der Welt bestimmt. Deshalb müssen wir uns fragen, was die Ursache für diese Situation ist, aus der der Mensch mit eigener Kraft nicht ausbrechen kann. Das ist das eine Problem dieser Bitte, deren Bedeutung und Umfang nur dann vollständig erfaßt werden können, wenn man bedenkt, daß die Erfüllung der Bitte an eine Bedingung geknüpft ist, und die Vergebung durch Gott an unsere eigene Vergebungsbereitschaft gebunden wird. Auch hierin liegen theologische Probleme, die man auf den ersten Blick nicht unmittelbar erkennen kann. Vielleicht sollten wir uns deshalb zunächst dieses zweiten Aspekts annehmen.

B: Das werden wir tun. Denn es geht um eine Vaterunser-Bitte, die nicht jedermann geläufig ist. Sie lautet: „Vergib uns unsere Schuld, denn auch wir vergeben unseren Schuldigern." Die uns geläufige Bitte lautet bekanntlich: „Vergib uns unsre Schuld, wie auch wir vergeben unsren Schuldigern." Das ist selbstverständlich eine viel mildere Zuordnung zwischen Gottes Vergebungsbereitschaft und der unseren als diese ungleich härtere, die der Lukasevangelist überliefert hat, und von der wir uns Rechenschaft geben sollten, weil sie eine originale Intention Jesu ist. Er macht unsere Vergebungsbereitschaft zur Bedingung der göttlichen Vergebung. Das kann einen regelrecht erschüttern. Da wird man sich fragen müssen, ob man das überhaupt tun möchte oder auch nur zu tun gedenkt. Denn es gibt manche Animositäten unter Menschen, bei denen man gar nicht bereit ist, dem anderen zu vergeben. Doch wenn man sich bei dieser Haltung ertappt, müßte man sich genau das gesagt sein lassen, dieses „denn auch wir vergeben unsern Schuldigern". Das heißt: Wenn du nicht vergibst, hast du keine Chance, von Gott Verzeihung zu erlangen. Aber es kommt natürlich noch das hinzu, was Sie gerade angesprochen haben, daß das Ganze nämlich einen tiefgreifenden Hintergrund hat, auf den wir jetzt Bezug nehmen sollten.

Unsere Sendereihe läuft unter dem Titel „Neue Spiritualität". Zu dieser Spiritualität, also zum geistig-geistlichen Leben, gehören zwar auch Grenzphänomene wie Besessenheit, Stigmatisationen und ähnliches mehr; doch das ist wirklich marginal und sollte es auch bleiben. Das viel wichtigere Problem ist das Problem des Bösen. Es handelt sich um die große Frage, wie das Böse in unsere Welt hineinkommt, und vor allem: Wie kommt es in mich selber hinein? Und da gibt es zwei diametral entgegengesetzte Antworten:

Die eine ist allen geläufig und lautet: Das Böse ist uns angeboren. So heißt es im Jakobusbrief: „In uns steckt die Begierde, und die Begierde gebiert die Sünde, und die Sünde zieht den Tod nach sich" (Jak 1,15). Wir kennen es auch aus dem Römerbrief des Apostels Paulus. Dort steht knapp und klar: „Der Tod ist der Sünde Sold" (Röm 6,23). Die Sünde wird bei Paulus manchmal wie eine dämonische Macht dargestellt, wie eine Insinuation aus einer bösen Gegenwelt, die im Menschen wirksam ist, ihn verführt und dazu bringt, zu sündigen. Weil er sich nun der Sünde unterworfen hat, bekommt er auch den Lohn, den er verdient: Dieser Lohn ist der Tod, denn, wie schon gesagt, der „Tod ist der Sünde Sold". Aber die Frage ist jetzt: Werden wir mit dieser Erklärung fertig? Können wir davon ausgehen, daß wir von einer anonymen Macht gleichsam besessen und zum Bösen veranlaßt werden? Oder müssen wir die Ursache nicht in uns selber suchen?

In diesem Zusammenhang kann ich nur immer wieder auf die Gegenthese des Apostels Paulus hinweisen. Er hat sie – wie schon an anderer Stelle erwähnt – in der Korrespondenz mit der Gemeinde von Korinth besonders überzeugend formuliert und gefragt (1Kor 15,55): „Tod, wo ist

dein Sieg? Tod, wo ist dein Stachel?" Darauf folgt eine wichtige Zusatzbe-
merkung: „Der Stachel des Todes ist die Sünde" (1Kor 15,56). Nach der
Erklärung, die uns die Exegeten geben, wird der Tod hier als Treiber einer
Ochsenherde dargestellt. Er hat einen Stachel in der Hand und dirigiert
die Tiere mit Hilfe dieses eisernen Stachels in die von ihm gewünschte
Richtung. So müssen wir uns jetzt den Tod vorstellen: Er treibt uns zur
Sünde an. Das heißt im Klartext: Der Tod und die Tatsache, daß wir sterben müssen, sind der Ursprung des Bösen. Es gibt zwar im Menschenleben
vieles, was sich nicht erklären läßt, aber es gibt vor allen Dingen eine Tatsache, die wir absolut nicht erklären können, mit der wir nie fertigwerden,
und das ist die bittere Tatsache, daß wir sterben müssen. Natürlich wird
dieses Problem von den meisten Menschen verdrängt; sie lassen es gar
nicht erst an sich heran – und in sich aufkommen. Aber das macht überhaupt keinen Unterschied, denn die Ursache steckt in einem jeden von
uns. Wir leben auf den Tod hin und können ihn mit allen Versuchen, das
zu kaschieren, nicht wirklich verdrängen.

H: Das heißt aber, die Endlichkeit des Menschen ist Ursache für die
Sünde, und folglich bedarf jeder Mensch der Erlösung durch Christus, um
von der Sünde frei zu werden. Damit kommt man folgerichtig zum Thema
Sünde als „Erbsünde" und den verschiedenen Erklärungsversuchen dazu.

Wie der Begriff „Erbsünde" schon sagt, ging man unter anderem davon
aus, daß die Sünde der Stammeltern Adam und Eva durch Vererbung auf
alle nachfolgenden Generationen überging bzw. durch Zeugung von Generation zu Generation weitervererbt wurde. Nun gibt es aber diesen Begriff weder im Alten noch im Neuen Testament, und darüber hinaus erscheint er widersinnig, weil Sünde im strengen Sinne ja nicht unverschul-
det über den Menschen kommt, sondern von dem je einzelnen, freien und
für sich selbst verantwortlichen Menschen begangen wird. Die Annahme,
daß das Stammelternpaar „persönlich" gesündigt und seine Schuld auf die
Folgegenerationen übertragen habe, geht auf *Augustinus* zurück. Er schloß
aus dieser Prämisse, daß damit auch alle Menschen die Verdammung ver-
dienten, weil sie alle persönlich in Adam sündigten. Wäre Gott ausschließlich gerecht, müßte er demnach alle Menschen vernichten. Da er aber auch
barmherzig ist, wählt er willkürlich aus der Masse der Verdammten einige
wenige aus, die gerettet werden.

Dieser heute – auch innertheologisch – weitgehend überholte Erklä-
rungsversuch des späten *Augustinus* ist nicht nur wegen seiner theologie-
geschichtlichen Folgen von Bedeutung, sondern scheint mir deshalb besonders erwähnenswert, weil Sie, Herr Kollege Biser, zeit Ihres Lebens

gegen den Gott der Willkür und des Schreckens kämpfen und den Gott der vorbehaltlosen, bedingungslosen Liebe als die Kernbotschaft des Christentums verkünden.

B: Da haben Sie vollkommen recht; nur haben Sie die augustinische Lehre nach meinem Eindruck etwas überspitzt dargestellt. Aber genauso ist sie dann im Calvinismus rezipiert worden. Dort gibt es in der Tat diese unbarmherzige Scheidung zwischen den wenigen, die gerettet werden, und der „massa damnata", der großen, zur Verdammnis bestimmten Masse.

Aber ich möchte jetzt – als Gegenthese – noch einmal auf die bessere Erklärung zurückkommen. Die Frage lautete: Inwiefern treibt uns der Tod zum Bösen an? Es handelt sich dabei im Grunde um die Psychologie des Mörders. Wir haben, Gott sei es geklagt, in diesem Zusammenhang einen großen Präzedenzfall, der in der deutschen Geschichte eine verhängnisvolle Rolle gespielt hat – *Adolf Hitler*. Von dem Augenblick an, da er wußte, daß der Krieg verloren ist, hatte er, nach *Sebastian Haffner*, nur noch ein Interesse: möglichst viele in seinen unabwendbar gewordenen Selbstmord hineinzuziehen. Der Mörder will nicht allein sterben. Wenn er schon sterben muß, dann sollen möglichst viele mit in sein Unglück hineingerissen werden. Deswegen steckt in uns allen ein Stück dieser Mörderpsychologie: Weil wir sterben müssen, wollen wir andere in unser Unglück mit hineinziehen, wenn nicht physisch, so doch der Absicht nach, indem wir sie hassen. Denn „jeder, der seinen Bruder haßt", so lesen wir im großen Johannesbrief, „ist ein Menschenmörder" (1Joh 3,15). Dadurch entsteht die Neigung zum Bösen. Dabei versuchen wir tatsächlich, andere ebenso für den Tod reif zu machen, wie wir es selber sind. Das ist selbstverständlich eine ganz schwere Hypothek.

Die Frage ist, Sie hatten es bereits angesprochen: Wird das Christentum damit in irgendeiner Weise fertig? Wenn nicht, dann kann es in der Konkurrenz mit den anderen Weltreligionen nicht bestehen. Wenn ja, dann ist das Christentum die einzige Religion, die auf diese Problematik eine Antwort gibt. Die Antwort aber müßte dann darin bestehen, daß es den Tod, diese Letztursache alles Bösen, aus der Welt schafft. Ist das denkbar? Es ist nicht nur denkbar, sondern der Kern unseres Glaubens. Denn seine Antwort lautet: Auferstehung. Die Auferstehung Jesu ist die Überwindung des Todes, und zwar nicht nur für jeden individuell und persönlich, sondern für die ganze Menschheit. Durch die Auferstehung Jesu ist das Gesetz der universalen Todverfallenheit durchbrochen, und das bedeutet konsequenterweise, daß der Tod jene Macht nicht mehr über uns hat, die ihm auf Grund unserer naturalen Gegebenheiten gebührt. Vielmehr kommt, weil

er nun überwunden ist, ein anderes Prinzip in uns zur Geltung, das nur
jenes Prinzip sein kann, das Sie vorhin als das zentrale Prinzip meiner
Theologie angesprochen haben, das Prinzip der bedingungslosen Liebe
Gottes. Wenn dieser Gedanke von uns Besitz nimmt und uns durchdringt,
dann ist die Todverfallenheit auch psychologisch in uns überwunden, und
wir haben nicht mehr den geringsten Anreiz, den anderen mit in unser
Unglück hineinzuziehen. Wohl aber haben wir den denkbar stärksten Anreiz, den anderen an unserem Glück teilhaben zu lassen. Es muß uns dann
angelegen sein, ihm entgegenzukommen, ihn zu trösten und ihm beizuste-
hen, weil nur so die neue, auf Liebe gegründete Lebensordnung zustande
kommen kann.

H: Eine solche Auslegung besagt also, daß die Todverfallenheit, die zur
Natur des Menschen gehört, erst in dem Augenblick überwunden ist, da
wir in den Prozeß der Auferstehung hineingenommen werden und auf
diese Weise die Grenze des Todes überwinden können. Mit dieser Auslegung wäre auch ein Problem gelöst, vor das sich die Theologie durch die
Erkenntnisse der Naturwissenschaften gestellt sieht, nämlich wie in einem
evolutiven Weltbild so etwas wie Ursünde und Sündigkeit der Menschheit
zu erklären sei. Von Ihrem Ansatz her läßt sich die Lösung dieses Problems
mit innerer, logischer Stringenz aufzeigen.

B: Das will ich hoffen. Und was das evolutive Weltbild anbelangt, so ist
es ja nicht erst eine Errungenschaft der modernen Naturwissenschaft, sondern schon ein Gedanke des Apostels Paulus. Er sagt nämlich, „daß die
Welt der Nichtigkeit unterworfen ist" (Röm 8,20), also der Kontingenz,
wie Sie gerade eben ausgeführt haben, aber daß sie zugleich „unter Seufzen, Stöhnen und Geburtswehen" (Röm 8,22) einem Ziel entgegengeht,
das auf der Basis der Auferstehung Jesu gegeben ist. Es ist das Ziel der universalen Gotteskindschaft und somit jener Zustand, in dem der Mensch
das große Glück erlebt, nicht als ein dem Tod Verfallener zu enden, sondern von den Händen des lebendigen Gottes aufgefangen zu werden. Das
ist dann nicht nur eine ihm persönlich geltende Zukunftsvision, sondern
eine Zukunftsvision für die ganze Welt. Deswegen meine ich, daß dieses
evolutive Weltbild auch auf den Apostel Paulus zurückbezogen werden
sollte. Dann gewinnt es eine zusätzliche theologische Rechtfertigung.

12. Freiheit und Gewissen

H: Wir haben in unserer letzten Sendung von der heilsgeschichtlich gesehen schwierigen Situation des Menschen gesprochen bzw. von einer gewissen Situiertheit, in der der Mensch nicht umhinkann zu sündigen. Aber: Was ist eigentlich Sünde? Was sind die Kriterien dafür, daß die Handlung eines Menschen unter die Kategorie der Unsittlichkeit und damit der Sünde fallen kann?

Es muß hier nach dem Verhältnis des Menschen zu Gott gefragt werden, welches nach christlichem Verständnis das innerste Wesen des Menschen ausmacht. Genau in diesen Zusammenhang gehört aber auch die Frage nach der menschlichen Freiheit, nach Gewissens- und Entscheidungsfreiheit – nach der Bindung des Menschen an sein Gewissen, selbst dann, wenn es ein subjektiv irrendes Gewissen ist.

Dieser Gedanke führt uns zum zentralen Kriterium des christlichen Menschenverständnisses: Der Mensch ist nicht Exemplar einer Art, sondern moralisches Subjekt bzw. Person in Verantwortung vor Gott.

B: Das ergibt sich vor allem aus dem christlichen Gottesbild. Der Christ hat nicht nur einen persönlichen Gott, sondern vor allen Dingen einen Gott, der mit sich reden läßt, einen Gott, der ungeachtet seiner Transzendenz aus seiner ewigen Verborgenheit hervorgetreten ist, und das nicht in Form eines Gesetzes, wie es das Judentum annimmt, nicht in Form eines heiligen Buches, wie es der Islam annimmt, sondern in Form der Menschwerdung seines eingeborenen Sohnes. Deswegen ist der Mensch diesem Gott gegenüber in ein tieferes Partnerverhältnis gezogen, als das in anderen Religionen angenommen wird. Das heißt selbstverständlich, daß der Mensch durch diesen Gott sich selber neu entdeckt, sich selber neu verstehen lernt, und dies eben, wie Sie es formulieren, nicht nur als Exemplar einer Gattung, sondern als derjenige, der von diesem Gott unmittelbar angerufen, angesprochen und ins Einvernehmen gezogen ist. Das nenne ich das Erwachen des Menschen zum Bewußtsein seiner Person. Es ist ja kein Zufall, daß der Personbegriff nicht von vornherein im Vokabular der Menschheit gegeben war, auch nicht im Vokabular der griechischen Philosophie, sondern daß der Personbegriff erst im Zusammenhang mit dem Nachdenken der großen, patristischen Theologen über das Geheimnis Gottes entworfen worden ist, um die Verschiedenheit in der Einheit dieses Gottes bestimmen und verständlich machen zu können. Da griff man auf den Terminus „persona" zurück und fand in ihm den Ausdruck für die personalen Unterschiede in Gott. Irgendwann, vermutlich in der Zeit des

von dem Gotenkönig *Theoderich* hingerichteten *Boëthius* muß es dann
dazu gekommen sein, daß man die Eignung dieses Begriffs für die Erfas-
sung des menschlichen Selbstandes entdeckte. Um den Menschen in seiner
unvertretbaren Würde anzusprechen, nannte man ihn mit *Boëthius* „Person". Insofern ist der Personbegriff ein Geschenk des Christentums an die
Menschheit.

H: In der Geschichte des Christentums gibt es aber eine gewisse Pha-
senverschiebung. Die Erkenntnis, daß der Mensch Person ist, heißt, daß er
einen singulären Seinsmodus hat. Die Umsetzung dieser Einsicht in die
Praxis hat jedoch letztlich bis zum Zweiten Vatikanischen Konzil auf sich
warten lassen, denn durch die ganze Theologiegeschichte wurde – abgesehen von großen Persönlichkeiten, wie etwa Paulus, *Peter Abaelard* oder
Thomas von Aquin – die aus dem Personsein resultierende Gewissens-
freiheit nicht akzeptiert. Noch im 19. Jahrhundert gibt es verschiedene
päpstliche Enzykliken, in denen die Freiheit des Gewissens als eine Erfin-
dung des Teufels verurteilt wird.

Erst im Zweiten Vatikanum, in der Pastoralkonstitution „Gaudium et
spes" (GS) und in der Deklaration über die Religionsfreiheit, „Dignitatis
humanae", wird ausdrücklich davon gesprochen, daß der Mensch unlösbar
an sein Gewissen gebunden ist. Man könnte das nun zuspitzen: Selbst
wenn der Mensch mit einem Gebot Gottes konfrontiert ist, darf er es,
wenn er sittlich handeln will, nicht allein deshalb befolgen, weil es ein
Gebot Gottes ist, sondern nur, weil er *einsieht,* daß dies in der konkreten
Situation das von ihm Geforderte ist. Selbst Gott könnte ihn dazu nicht
zwingen, weil er den Menschen als jenes Wesen geschaffen hat, das „in be-
wußter und freier Wahl ..., das heißt personal, von innen her bewegt und
geführt und nicht unter blindem inneren Drang oder unter bloßem äußeren Zwang" (GS 17) handelt. Würde Gott den Menschen zwingen, so
würde er dessen Personsein und damit den Menschen selbst zerstören.

B: Gott will den Menschen, wie wir vorher gesagt haben, als Partner gewinnen. Daraus ergibt sich dann allerdings die von Ihnen angesprochene
Problematik. Sie sind auf das Zweite Vatikanum zu sprechen gekommen.
Man muß immer wieder in Erinnerung rufen, daß diese Kirchenversammlung das größte Ereignis in der ganzen bisherigen Kirchengeschichte gewesen ist. Denn zu seinen Leistungen gehörte nicht nur, daß endlich gezeigt
werden konnte, worin die Gottesoffenbarung besteht; vielmehr konnte das
Christentum jetzt auch als die Religion der Freiheit und damit als die Religion der dialogischen Konfliktbewältigung zur Geltung gebracht werden.
Auf das letztere hatten wir schon einmal Bezug genommen, aber ich will es

nun nochmals aufgreifen. Nachdem die von Ihnen angesprochene kirchengeschichtliche Entwicklung weitgehend im Zeichen der administrativen und repressiven Konfliktlösung gestanden hatte, hat das Zweite Vatikanum dieser Methode den Abschied gegeben und das Dialogprinzip an deren Stelle gesetzt: Das war seine geradezu revolutionäre Tat. Denn dadurch wurde eine fast zweitausendjährige Tradition zugunsten der Rückkehr zum Evangelium verabschiedet, und damit nicht zuletzt zugunsten der Rückkehr zu jenem Apostel, der die von Ihnen angesprochene Freiheit als erster in vollem Klang thematisiert hat, zum Apostel Paulus. Gegen Ende des Galaterbriefes betont er: „Zur Freiheit hat uns Christus befreit" (Gal 5,1). Und ebenso schreibt er im Römerbrief, der ja mit dem Galaterbrief eng zusammenhängt: „Ihr habt doch nicht den Geist der Knechtschaft empfangen, so daß ihr euch aufs neue fürchten müßtet, sondern den Geist der Kindschaft, indem wir rufen: ‚Abba, Vater.' So bezeugt der Geist unserem Geist, daß wir Kinder Gottes sind" (Röm 8,15 f.). Demnach ist das Christentum die Überwindung der Heteronomie.

Doch dann erhebt sich noch dieses andere Problem: Wie kann ein Gott, der der Herr des Himmels und der Erde ist, der alles in seinen Händen hat, der mit seiner Vorsehung alles begleitet und „ohne dessen Willen", wie es in der Apostelgeschichte heißt, „nicht einmal ein Haar von unserem Kopf fallen kann" (Apg 27,34), wie kann dieser Gott den Menschen freigeben? Es handelt sich um ein elementares Problem, und meine Antwort würde lauten, es gibt ja nicht nur jenen großen Satz des Johannesevangeliums, der an der Stirnseite unsrer Freiburger Heimatuniversität steht: „Die Wahrheit wird euch frei machen" (Joh 8,32). Dieser Satz bedeutet selbstverständlich, daß die Wahrheit den Menschen voranbringt, ihm stets neue Horizonte erschließt und ihn in jeder Weise frei macht. Ich denke vielmehr, daß der Urheber dieses Satzes, und das ist niemand anderer als Jesus selbst, mir nicht widersprechen würde, wenn ich ihm einen analogen Satz in den Mund legte, der da lauten würde: „Die Liebe wird euch frei machen."

Hier müßte, glaube ich, eine Neuentdeckung stattfinden. Unsere ganze Serie läuft ja unter dem Titel „Neue Spiritualität", und die Frage, inwiefern das Vaterunser in diesen Kontext hineingehört, kann eigentlich nur mit dem Versuch beginnen, das Vaterunser in seiner Tiefendimension auszuleuchten und zu zeigen, daß es im Grunde auf die Frage antwortet: Wieso macht die Liebe frei? Die Liebe ist ja zunächst einmal der Inbegriff der stärksten Bindung. Aber es handelt sich um eine Bindung, wie sie in dieser Welt so sonst nirgendwo vorkommt, eine Bindung, die den Partner erst voll zu sich selbst bringt, eine Bindung, die aus dem Partner die größeren Möglichkeiten herausschälen und ihm dazu verhelfen will, in Wirklichkeit voll er selbst zu sein. Das ist auch eine Freiheit, aber eine Freiheit, an die wir viel zu wenig denken. Bei *Friedrich Nietzsche* heißt es einmal im ‚Zarathustra‘: „Nicht frei wovon, sondern frei wozu." Die elementare Form der Freiheit ist diese letztere – die Freiheit der Freisetzung zu den je größeren Möglichkeiten des Menschseins. In diesem Sinn kommt uns die Liebe Gottes entgegen; in diesem Sinn macht sie uns frei. Derjenige, der geliebt wird, will ja gar nicht mehr aus dem Bannkreis der Liebe heraus. Der Liebe verdankt er ja alles, sein ganzes Glück, seine ganze Beseligung, all das, was ihm kostbar ist. Wohl aber möchte er sich dieser Liebe würdig erweisen. Das ist sein instinktives Verlangen, und deswegen muß er daran arbeiten, die in ihm noch ungehobenen Möglichkeiten freizusetzen und von seinen Möglichkeiten einen größeren, besseren Gebrauch zu machen.

H: Nach dieser höchst theologischen Spekulation möchte ich noch einmal zurückkehren in den Alltag. Der Mensch muß als ein grundsätzlich endliches Wesen betrachtet werden. Auch seine Intelligenz ist eine endliche, und sein Wille ein endlicher. Wenn wir jetzt Einsehen und Wollen, Intellekt und Willen in Verbindung bringen, dann haben wir die Voraussetzung für eine sittliche Handlung, nämlich die wesenhafte Freiheit des Menschen als Person.

Ich habe vorhin schon davon gesprochen, daß auch das subjektiv irrende Gewissen den Menschen verpflichtet. Das heißt: Der Mensch ist an seine endlichen Bedingungen gebunden, und wenn seine Erkenntnis nicht ausreicht, nach einem objektiv höchsten Maßstab zu handeln, so muß er trotzdem seinem Gewissen folgend handeln – und er handelt dann, auch wenn er objektiv falsch handelt, sittlich gut. Das scheint mir außerordentlich wichtig zu sein, weil immer wieder der Versuch unternommen wird, den Menschen durch eine übergeordnete Instanz nur auf den Gehorsam statt auf die freie Entscheidung zu verpflichten.

B: Aber es ist nötig, auch noch auf etwas anderes hinzuweisen. Das Gewissen ist nicht eine Instanz, die alles weiß, vielmehr muß das Gewissen kultiviert und einem Lernprozeß unterworfen werden. Der Mensch, der in jener Situation ist, die Sie gerade beschrieben haben, müßte sich gleichzeitig vergegenwärtigen, daß er nicht über die allerletzte Einsicht verfügt, sondern daß er sich auch in seiner Gewissensbildung führen und belehren lassen muß. Deswegen gehört zu seiner vollen Gewissensentscheidung ein Zweifaches: erstens die von Ihnen angesprochene Tatsache, daß er seinem Gewissensanspruch zwar unbedingt folgen muß, weil es für ihn keine größere Instanz geben kann. „Was nicht aus Überzeugung kommt, ist Sünde", heißt es beim Apostel Paulus (Röm 14,22f.), und deutlicher kann man es gar nicht mehr sagen. Aber ein Zweites kommt noch hinzu: Der Mensch muß sich von den Instanzen, von denen er weiß, daß sie sich um die Vermittlung der Wahrheit bemühen, belehren lassen, und dazu gehört in erster Linie die Kirche. Die Kirche hat ja das Offenbarungsgut zu verwalten und an die Menschen heranzutragen. Deswegen wird sich der Glaubende gerade auch an den Lehren und den Direktiven der Kirche orientieren müssen.

H: Das trifft sicherlich zu. Der Mensch muß sich daran orientieren. Aber er muß dies auch mit kritischem Verstand tun. Und wenn er nach sorgfältiger Prüfung nicht imstande ist, die vorgegebenen Gründe einzusehen, dann muß er auch gegen diese Direktiven entscheiden können und dürfen, ohne Sanktionen befürchten zu müssen.

B: Das ist richtig. Und die Kirche wird dann umgekehrt auch mit Menschen auskommen und leben müssen, die nicht unbedingt auf ihrer Seite stehen; denn die Kirche ist eine Gemeinschaft, in der es selbstverständlich auch Randsiedler und Kritiker gibt. Aber diese sind unter Umständen gar nicht so unwichtig; sie sind das Salz in der Suppe. Deswegen ist es für die Kirche angemessen, diese Menschen nicht einfach auszugrenzen, sondern, wie es das Konzil gewollt hat, mit ihnen in einen lebendigen Dialog einzutreten, der manchmal durchaus straffere Formen annehmen kann; das wollen wir ruhig zugeben. Aber es muß ein Dialog von der Art sein, daß die Kritiker mit ihren Anliegen und Einsprüchen respektiert werden, weil von ihrer Randposition aus manches deutlicher gesehen werden kann, als es der Optik des Mittelfeldes entspricht, und weil sie das Ganze auf ihre Weise beleben.

13. Der Ruf aus der Tiefe

H: Das Vaterunser, das Gebet, das uns Jesus selbst gelehrt hat, endet mit der Bitte: „Und führe uns nicht in Versuchung." Diese gewiß eigenartige Bitte wird in aller Regel nur oberflächlich verstanden, wenn man meint, dieses oder jenes könne den Menschen vom richtigen Weg abbringen oder „in Versuchung" führen. Damit ist weder die Tiefe dieses Wortes ausgelotet, noch wird die Problematik dieser Bitte, nämlich die Möglichkeit, daß Gott selbst uns in eine Versuchung führen könnte, angesprochen.

B: Schon das Alte Testament hat das ganz ungeschützt behauptet, wenn es schildert, wie Menschen durch Gott auf die Probe gestellt und so, wie

Hiob, in extreme Gewissensnöte gestürzt werden. Der Gottesglaube ist schwer und kann dem Menschen das Leben schwermachen. Das ist gewiß für viele Beter eine sehr bewegende und peinigende Frage.

Aber wir sollten uns in diesem Zusammenhang auch vergegenwärtigen, daß wir ja eine Vaterunser-Bitte im Ohr haben und auch immer wieder gebrauchen, die diese Bitte „Und führe uns nicht in Versuchung" abschwächt. Es gibt dann noch den Zusatz, der als weitere Bitte hinzufügt: „sondern erlöse uns von dem Bösen". Hierbei handelt es sich jedoch eindeutig um eine Abschwächung. Daher müssen wir uns in diesem Zusammenhang noch einmal vergegenwärtigen, daß wir bei unserer Erklärung des Vaterunsers von einer anderen, weniger bekannten Fassung ausgegangen sind, und das mit gutem Grund. Es ist die Fassung, die der Lukasevangelist überliefert hat, und die nach allem, was theologisch wißbar ist, der Originalfassung Jesu unverhältnismäßig viel näherkommt als die uns geläufige, die dem Matthäusevangelium entnommen ist. Wenn ich noch einmal die Unterschiede ganz kurz in Erinnerung rufen darf:

Erstens sagen wir „Vater unser", bei Lukas heißt es einfach „Vater". Zweitens beten wir: „Dein Wille geschehe, wie im Himmel so auf Erden"; bei Lukas entfällt diese Bitte, weil sie nach seinem Verständnis eine Dublette der vorangehenden Bitte, „dein Reich komme", ist. Drittens hat uns jener Satz schockiert, der in der Lukas-Fassung nicht so heißt, wie wir es gewohnt sind, nämlich „vergib uns unsere Schuld, *wie* auch wir vergeben unseren Schuldigern", sondern: „*denn* auch wir vergeben unseren Schuldigern", womit also unsere Vergebungs-Bereitschaft zur Bedingung der göttlichen Vergebung gemacht wird. Und viertens fügt sich in diesen Zusammenhang dann auch der jeweilige Schluß ein. Bei Matthäus, wie gesagt, die Abschwächung: „Führe uns nicht in Versuchung, sondern erlöse uns von dem Bösen" (Mt 6,13); bei Lukas dagegen ganz hart: „Und führe uns nicht in Versuchung" (Lk 11,4).

Da stellt sich selbstverständlich die Frage: Wie werden wir damit fertig? Wenn also unsere Erklärung des Vaterunsers, die ja den Anspruch erhebt, eine Neuerklärung zu sein, diesem Anspruch genügen will, müssen wir darauf eine Antwort finden, das ist unabdingbar.

H: Und wir müssen fragen, wie sich vom Neuen Testament her die Situation darstellt: Kann oder wird Gott den Menschen wirklich versuchen? Das könnte er natürlich, aber tut er es?

B: In der Bibel macht er es immer wieder. Schon im Alten Testament, wo Gott von einem himmlischen Hofstaat umgeben wird, gibt es den einen, der sich später als Satan herausstellt, der aber ursprünglich zum

Hofstaat Gottes gehört und manchmal von Gott die Gelegenheit bekommt, Menschen in Versuchung zu führen. Das tut er beispielsweise mit Hiob, dem er sein ganzes Besitztum und schließlich die Gesundheit nimmt, nur um ihn zum Protest gegen Gott zu bewegen (Hiob 1,6–2,10). Das tut er im Fall des Königs Ahab, der sich durch seinen Hofpropheten zu einem Krieg überreden läßt, der ihm den Tod bringt (1 Kön 22). Und das tut er vor allen Dingen im Fall des Abraham, der von Gott selbst versucht wird, ihm seinen Sohn zu opfern (Gen 22,1–19). Im Alten Testament ist Gott somit derjenige, der den Menschen in der Tat gelegentlich in Versuchung führt.

Selbstverständlich muß das in einem größeren Zusammenhang gesehen werden, denn im Neuen Testament heißt es im Jakobusbrief klipp und klar: „Wenn du versucht bist, dann denke ja nicht, daß Gott dich versucht. Gott kann nicht versucht werden und kann auch niemand versuchen. Was dich versucht, ist vielmehr die in dir steckende böse Begierde" (Jak 1,13–14). Das Neue Testament löscht daher diese ganze Tradition aus. Wie und warum dann auch Jesus versucht werden konnte, das steht noch einmal auf einem anderen Blatt.

H: In jedem Fall aber scheint es so zu sein, daß dieses Phänomen in der Natur des Menschen angelegt ist. Wir haben immer wieder davon gesprochen, daß die Kontingenz, die Endlichkeit des Menschen, eine zentrale Rolle spielt. So meine ich, daß auch die Verführbarkeit zum Wesen des Menschen gehört. In dieser Bitte geht es folglich darum, die Versuchung bewältigen zu können und auf Grund des Glaubens an Gott so viel Vertrauen zu haben, daß diese gefährliche Situation überwunden werden kann.

B: Da ich das große Glück habe, mit einem Philosophen zu reden, erlaube ich mir jetzt, das Ganze auf einen philosophischen Nenner zu bringen. Im Grunde können wir alle diese von mir in Erinnerung gerufenen Versuchungsgeschichten auf eine einzige Tatsache zurückführen, nämlich auf die Tatsache, daß Gott eine kontingente, der Nichtigkeit unterworfene Welt geschaffen hat. Und das Restproblem, das jetzt übrigbleibt, lautet: Warum hat er denn diese Welt überhaupt geschaffen, eine Welt, in der der Tod regiert, eine Welt, in der es Krankheit und Unglück gibt, eine Welt, in der deswegen Menschen auch immer wieder zum Bösen verführt werden? Jedenfalls bedeutet das – es wurde von mir gerade in Erinnerung an die Jakobusstelle angesprochen –, daß der Mensch durch seine eigene Nichtigkeit und die ihm eigene, angestammte Kontingenz immer wieder in die Gefahr gerät, sich gegen den göttlichen Willen aufzulehnen und zu sündigen. Das ist also der Kern! Doch kommt natürlich sofort die weiterführende Frage: Wie kann das bewältigt werden? Und die Vorfrage: Worin besteht denn eigentlich die Versuchung des Menschen?

Dazu gibt es einen hilfreichen Hinweis in der Lehre des dänischen Religionsphilosophen und Dichters *Sören Kierkegaard*, der in seiner Schrift ‚Die Krankheit zum Tode‘ den Menschen in seinem innersten Zwiespalt ausgeleuchtet hat. Da erscheint der Mensch auf der einen Seite in der verzweifelten Bemühung, er selbst zu sein. Aber auf der anderen Seite hat er einen ebenso verzweifelten Widerwillen dagegen. Er möchte eben nicht das sein, als was er sich vorfindet, was er praktisch ist, sondern er möchte unter anderen Lebensumständen auf die Welt gekommen sein, in einer anderen Umgebung, mit anderen Qualitäten und anderen Talenten, nur eben nicht so, wie er tatsächlich ist. Diese beiden Willensrichtungen stehen einander diametral entgegen, und das heißt dann: Die Urversuchung des Menschen ist die, zu verzweifeln, aufzugeben, vor den Gegebenheiten des Daseins zu kapitulieren, nicht mehr das zu tun, was eigentlich in seinem ureigensten Interesse steht, anstatt durchzuhalten und die Widerstände, die sich entgegenstellen, niederzuringen. Darin besteht nach meiner Sicht die Urversuchung. Und sie verlangt nach einer Lösung.

Sie haben vorhin den Begriff der Auferstehung Jesu ins Gespräch gebracht, der in diesem Zusammenhang selbstverständlich bedacht werden muß. Aber vorher möchte ich noch an eine Szene des Matthäusevangeliums (Mt 14,27–30) erinnern, die mir wie eine Illustration des eben Gesagten vorkommt. Da sitzen die Jünger im Boot, es herrscht Gegenwind, der See Genezareth ist aufgewühlt, und plötzlich kommt ihnen eine Gestalt entgegen. Sie glauben, ein Gespenst zu sehen, und schreien voller Angst auf. Doch dann läßt sich eine Stimme vernehmen: „Fürchtet euch nicht, ich bin es." Es ist Jesus, der ihnen über den See entgegenkommt. Darauf nimmt sich Petrus ein Herz und sagt: „Ja, Herr, wenn du es bist, dann sage doch, daß ich dir entgegengehen darf!" Da ertönt die Stimme noch einmal: „Komm!" Und er geht tatsächlich über das Wasser Jesus entgegen. „Als er aber den Wind und die Wogen bemerkte, bekam er es mit der Angst zu tun", heißt es, „und er begann zu sinken." Erst im letzten Augenblick, als er zu ertrinken droht, setzt sich der Lebenswille in ihm durch und er schreit: „Herr, rette mich!" Das ist das große „De profundis" des Menschen, der im Augenblick der Verzweiflung lebt und jetzt keine andere Rettung aus seiner Not mehr sieht, als den anzurufen, den er immer schon als seinen Retter und Helfer empfunden hat. Ich denke, das ist die eigentliche Illustration dessen, was ich als die Urversuchung des Menschen bezeichnet habe, aber auch der Art und Weise, wie sie bewältigt werden kann.

H: Daraus geht hervor, daß es eigentlich die „conditio humana" ist, die „Verfaßtheit des Menschen", die die Gefahr in sich birgt, daß der Mensch aufgibt, daß er verzweifelt. Was kann man dagegen tun? Es gibt nur diese eine Möglichkeit, das Vertrauen in die Zusage von seiten Gottes, daß er die Todesgrenze mit dem Menschen gemeinsam überwinden wird. Damit wären alle Einzelprobleme, an denen der Mensch im Laufe des Lebens scheitern kann, aufgefangen, weil eine letzte Sinnhaftigkeit rückwirkend allem anderen in irgendeiner Weise einen Sinn verleiht. Dagegen würde es umgekehrt eine letzte Sinnlosigkeit bedeuten, da alles andere auch sinnlos war, was in einem solchen Leben geschehen ist.

B: Sie haben jetzt zwei Dinge angesprochen: zum einen, daß es eine Religion gibt, die die Kontingenz und Todverfallenheit des Menschen nicht einfach beschwichtigt, sondern überwindet, und daß diese Religion das Christentum ist. In seinem Zentrum steht, wie wir uns schon wiederholt klargemacht haben, als Angel- und Drehpunkt die Auferstehung Jesu. Sie ist das Ereignis der Todüberwindung nicht nur für einen jeden persönlich, sondern für die ganze Welt. Deswegen besteht hier die Chance, daß die Kontingenz des Daseins überwunden wird. Das hat dann allerdings zur Voraussetzung, daß alle in dieses Auferstehungsereignis hineingenommen werden und daß sie dadurch über ihre kontingente Verfassung hinausgehoben und in ein neues Gottes- und Selbstverhältnis gebracht werden. Das Christentum hat dafür einen Namen: Sie werden zu „Kindern Gottes". „Gotteskindschaft" ist die an uns weitergegebene „Gottessohnschaft" Jesu. Insofern hat die Auferstehung das Kontingenzproblem überwunden.

Aber das Ganze hat ja, wie Sie gesagt haben, noch eine zweite, eine intellektuelle Dimension, da der Mensch ein nach sich selbst fragendes Wesen ist. Hierzu hat der große Theologe *Augustinus* eine sehr erhellende Auskunft gegeben, nämlich daß der Mensch nicht nur fragt, sondern eine Frage ist: „Factus sum mihi quaestio magna" – „Ich bin mir selbst zu einer großen Frage geworden". Es handelt sich dabei unverkennbar um die Sinnfrage. Aber diese ist gar nichts anderes als die intellektuelle Variante dessen, was wir gerade als Angst- und Verzweiflungsüberwindung angesprochen haben. Denn zur Überwindung der Verzweiflung gehört, wie Sie ganz richtig bemerkt haben, auch die der Angst. Die Angst erwächst aus dem Absturz in den Abgrund der Absurdität und Sinnlosigkeit. Doch das Ganze hat eben auch diese intellektuelle Dimension, die in der Frage besteht: Wie kann die Frage nach dem Sinn des Menschseins beantwortet werden? Nun wissen wir aus vielen philosophischen und soziologischen Überlegungen, daß es empirische Antworten darauf gibt. Aber die letzte Antwort kann nur von dem ausgehen, der den Menschen geschaffen hat. Sie besteht darin, daß uns Gott nicht nur mit seiner Offenbarung eine verbale Antwort auf unsere Sinnfrage gibt, sondern daß er uns aus unserer Verfallenheit, aus unserer verzweifelten Daseinsverfassung herausreißt und an sein Herz zieht. Gott antwortet also nicht mit einer Formel oder gar mit einem Trostwort, sondern er antwortet auf unsere Sinnfrage mit sich selbst. Das Christentum ist daher seinem ganzen Wesen nach die Religion, die dem Menschen zur Sinnfindung in Gott verhilft. Deswegen muß das Christentum, wie wir uns wiederholt klargemacht haben, endlich anders begriffen werden, als dies bisher geschehen ist: nicht als eine Religion der Ordnung und Disziplinierung des Menschen, sondern als die große Liebeserklärung Gottes an die Welt, jenes Gottes, der den Menschen an sein Herz zieht!

II. Richard Heinzmann:
Zur Theologie von Eugen Biser.
Einsichten und Konsequenzen

Wenn man einen Denker in den Blick bekommen und dem Rang seines Werkes gerecht werden will, muß man zunächst nach dem Gegenstand seines Denkens und der diesem Gegenstand angemessenen Methode fragen. Davon ausgehend lassen sich dann die Kriterien gewinnen, nach denen ein sachlich begründetes Urteil über Qualität und historische Bedeutung eines Lebenswerkes möglich wird.

Unter diesem Anspruch sollen die Grundzüge (2.) der Theologie Eugen Bisers erarbeitet werden. Ein Rückblick auf den Gang der abendländischen Theologie (1.) soll die angemessene Perspektive auf das Spezifische der Biserschen Theologie eröffnen. Einige Gedanken zur Bedeutung dieser theologischen Konzeption für die Zukunft des Christentums (3.) und eine Würdigung der Person und des Werkes von Eugen Biser (4.) beschließen diese Überlegungen.

1. Der theologiegeschichtliche Hintergrund

Christliche Theologie denkt über Gott nach, insofern er sich in Jesus Christus dem Menschen zu dessen Heil mitgeteilt und erschlossen hat. Voraussetzung ist also der Glaube daran, daß sich Gott in der Geschichte geoffenbart hat und daß dieser Prozeß der Selbstmitteilung und Selbsterschließung des absolut transzendenten Gottes in einer geschichtlichen Gestalt kulminiert: in Jesus Christus. Diese Geschichte Gottes mit dem Menschen hat im Alten und Neuen Testament ihren verbindlichen Niederschlag gefunden. Es geht dabei also um eine Gotteserfahrung in der Geschichte. Das Wesen des Christentums ist deshalb nicht eine Wahrheit, sondern eine Person. Als geschichtliches Faktum ist diese Selbsterschließung Gottes nur mit den geschichtlichen Kategorien der Einmaligkeit und Unwiederholbarkeit zu beschreiben. Dieses Ereignis läßt sich weder begründen noch kann man seine innere Notwendigkeit aufdecken. Es hat seinen alleinigen Grund in der Freiheit Gottes. Was immer mit dieser Selbsterschließung zu tun hat, ist dem Menschen nur geschichtlich vermittelt und deshalb nie in seiner Absolutheit zugänglich. Das Christentum ist in seiner Daseinweise von seinem Ursprung her grundsätzlich geschichtlicher Natur und kann deshalb nie in eine übergeschichtliche Wahrheit hinein aufgehoben werden. Die Rückbindung an das historische Fundament ist in den Schriften des Neuen Testaments durchgehend präsent. In dieser Rückbindung hat die Zukunftsoffenheit des Christentums ihren unverzichtbaren Grund.

Was ist nun näherhin unter Offenbarung Gottes in Jesus zu verstehen, was bedeutet es, daß der *logos*, das Wort Gottes, durch seine Menschwerdung in unsere Geschichte eingetreten ist? Zunächst soll ein Mißverständnis ausgeschlossen werden, das mehr oder weniger unreflektiert mit dem Wort Offenbarung verbunden wird und gerade deshalb für das allgemeine Glaubensbewußtsein nicht ohne negative Auswirkung geblieben ist. Das Bild, das mit dem lateinischen Wort „revelatio" verbunden ist, legt eine Fehldeutung nahe: Der Vorhang vor dem Geheimnis „Gott" wird zurückgezogen. Was dem Menschen bisher verborgen war, ist offenbar geworden im Sinne von Information und Belehrung über Gott und Welt. Derartige Vorstellungen führen in die Irre und sind deshalb mit Entschiedenheit zu verwerfen.

Menschwerdung des *Wortes* ist Gott, insofern er sich selbst dem Menschen mitteilt. Dieses göttliche Handeln, seine Selbstmitteilung, impliziert seine Selbsterschließung. Gott, das absolute, vom Menschen nie begreifbare Geheimnis, erschließt sich in der Inkarnation als der Gott, der will, daß alle Menschen gerettet werden, und der diese Zusage nie mehr zurücknehmen wird. Er hört deshalb nicht auf, für den Menschen das unbegreifliche Geheimnis zu sein, aber er eröffnet dem Menschen seinen Heilsplan und Heilswillen (Eph 1,3–14) und offenbart sich darin als die Liebe (1 Joh 4,16). Dadurch kommen Sinn und Ziel von Schöpfung und Geschichte in den Blick. In Christus ist Gott selbst der Weg, der in die alles einbeziehende Vollendung führt: „Ich bin der Weg, die Wahrheit und das Leben" (Joh 14,6). Im Menschen ist die Schöpfung darauf angelegt, durch die Selbstmitteilung Gottes vollendet zu werden.

Aus dem Gesagten wird einsichtig, daß die Offenbarung Gottes in Jesus Christus zwei Dimensionen umgreift: die Selbstmitteilung und die Selbsterschließung, das Handeln Gottes am Menschen und die Deutung des Heilsereignisses im Lichte des Auferstandenen, wie sie in der Schrift ihren Niederschlag gefunden hat. Grundlegend und allein entscheidend ist das

Handeln Gottes. Mit unterschiedlichen Bildern und Worten bringt das Neue Testament das Christusmysterium als lebendige Gegenwart Gottes zur Sprache. Gott nennt uns „seine Kinder", und durch sein wirkmächtiges Wort sind wir es (1 Joh 3,1). Durch den Geist sind wir in Christus, und Christus ist in uns (Gal 2,20). Er wohnt durch den Glauben in den Herzen der Menschen und ist durch die Seinen in der Welt gegenwärtig. Durch den Glauben an Gott haben wir schon in dieser Welt den Tod überwunden (1 Joh 3,14).

Jesus ist kein Religionsstifter, der – wie andere – nur in der Erinnerung seiner Anhänger eine ständig schwächer werdende Wirkungsgeschichte hat. Als der *Auferstandene* ist er lebende und lebendigmachende Gegenwart. Die spätere Theologie wird dieses ursprüngliche, unverfügbare Handeln Gottes als „infusio gratiae" bezeichnen. Die Selbstmitteilung Gottes ist damit abgeschlossen. Über das Christusmysterium hinaus kann es kein Mehr an Offenbarung, kann es keine weitere Offenbarung geben.

Um der Identität der Sache willen war, bedingt durch das Ausbleiben der Parusie, die schriftliche Fixierung erforderlich geworden. Aus diesem Grund ist das Christentum keine *primäre* Schriftreligion. Daß diese schriftliche Fassung nur unter den Bedingungen der wesenhaften Geschichtlichkeit der Offenbarung selbst und des die Selbsterschließung Gottes vernehmenden Menschen geschehen konnte, ist unmittelbar einsichtig.

Damit ist ein Problem angesprochen, das in der Begegnung des frühen Christentums mit der spätantiken Welt höchste Aktualität erlangen sollte und in der Geschichte des Christentums eine bisher singuläre Zäsur darstellt. Es beginnt damit eine neue Phase der Auslegung und des Verständnisses christlicher Wirklichkeit und christlichen Glaubens.

Wegen der wesenhaften Geschichtlichkeit müssen die theologische Reflexion und Begriffsbildung mit großer Sorgfalt darauf bedacht sein, daß sie der heilsgeschichtlichen Dynamik und dem existentiellen Anspruch ihres Gegenstandes gerecht werden. Gelingt das nicht, verliert die christliche Botschaft ihre Offenheit für die Zukunft und ihre eschatologische Grundausrichtung.

Bald nach der biblischen Zeit begann die methodische Durchdringung und Entfaltung der verschiedenen zentralen Inhalte des Evangeliums. Das Vorverständnis, von dem her Probleme aufgeworfen und Antworten gesucht wurden, war nun das der griechischen Metaphysik, das sich grundsätzlich von dem Denkhorizont der jüdisch-christlichen Tradition unterscheidet.

Bei der Begegnung von Spätantike und Christentum ging es deshalb nicht nur um die Übersetzung vom Griechischen ins Lateinische, die Schwierigkeiten ergaben sich auch nicht primär aus der unterschiedlichen Beantwortung von Einzelfragen, die Problematik hatte vielmehr ihren tiefsten Grund in den allem vorausliegenden Denkformen. Metaphysik als in sich geschlossene, statische Weltdeutung auf der einen Seite und Heilsgeschichte als offener Prozeß auf der anderen Seite sind von ihrem Ursprung her unvereinbar. Diese Inkompatibilität im Vorfeld aller Inhalte konnte nicht in den Blick kommen, denn der Horizont wird als Horizont nie erfaßt. Aber alles, was wir begreifen, begreifen wir nur in einem bestimmten Horizont. Erst wenn das erkennende Subjekt in eine andere geschichtliche Epoche eingetreten ist, eröffnet sich eine Perspektive, die es ermöglicht, ein vergangenes Verstehensapriori als solches zu erkennen.

Der epochale Umbruch am Ausgang der Patristik und die daraus erwachsenden Probleme deuten sich schon in der Sprache an. Die theologische Diskussion wird mit Begriffen geführt, für die es in den Schriften des Neuen Testaments noch nicht einmal ein Äquivalent gibt, und deren genaues Verständnis auch damals erst noch erarbeitet werden mußte, was an den Begriffen „substantia", „natura", „essentia", „persona" und deren griechischer Entsprechung leicht gezeigt werden kann. Die Fragen werden im Horizont der Metaphysik gestellt und in diesem Horizont beantwortet. Insofern sind Frage und Antwort in sich schlüssig, aber eben nur unter Voraussetzung dieser systematischen Art zu denken.

Schon wegen der terminologischen Unsicherheit erhebt sich früh die Frage nach der Identität des Glaubens. Aus dieser Sorge heraus sah sich die Kirche veranlaßt, Entscheidungen zu treffen und damit Orientierung zu bieten. Die dogmatischen Formulierungen der frühen Konzilien von Nizäa (325) oder Konstantinopel (381) bringen den Wandel der Denkform mit Nachdruck zu Bewußtsein: Die Heils-*Ereignisse*, von denen das Neue Testament berichtet, werden ihres *Geschehens*-Charakters entkleidet und auf den lehrenden Begriff gebracht. Der – zumindest formale – Bruch mit dem Ursprung der christlichen Botschaft liegt unmittelbar vor Augen. Man braucht nur das Neue Testament aufzuschlagen und damit einen Text einer späteren Epoche, sei es eine theologische Summe des Mittelalters oder ein dogmatisches Lehrbuch des 20. Jahrhunderts oder gar eine Sammlung kirchlicher Lehrentscheidungen, zu vergleichen, dann wird verständlich, daß die Frage nach der Identität um der Sache des Christentums willen damals unausweichlich geworden war und auch heute wieder gestellt werden muß.

Repräsentativ für diese Wegstrecke christlicher Theologie und christlichen Lebens ist das Spätwerk des lateinischen Kirchenvaters *Augustinus*. Folgenschwere Entwicklungen negativer Art nahmen von ihm ihren Ausgang. In vielfältigen Brechungen wirken sie bis in unsere Tage nach. Bei der hier gebotenen Kürze können auch die wichtigsten Problemfelder nur stichwortartig angesprochen werden, jedes Urteil ist jedoch durch die Quellen belegt.

Der ontologische und anthropologische Dualismus neuplatonischer Prägung wurde zum subjektiven und objektiven Apriori augustinischen Denkens. Er steht damit in direktem Widerspruch zum spezifisch christlichen Welt- und Menschenverständnis mit dessen grundsätzlicher Positivität. Bei *Augustinus* geraten Materie, Welt und Leiblichkeit in die Negativität dessen, was eigentlich nicht sein sollte und deshalb überwunden werden muß. Ehe- und Sexualmoral sind von dieser unchristlichen und die Menschen traumatisierenden Vorentscheidung bis in unsere Tage geprägt.

Von vergleichbar negativer Tragweite für Theologie, Kirche und Welt wurde die Frage nach dem *Glauben*. Nach christlicher Auffassung muß Glauben in qualifiziertem Verständnis ein Akt personaler Freiheit sein. Auch *Augustinus* war ursprünglich der Überzeugung, niemand dürfe zum Glauben gezwungen werden. In seiner späten Phase gab er jedoch diese fundamentale christliche Überzeugung auf und vertrat die für die Theologie ebenso wie für die Kirche und Profangeschichte verhängnisvolle These, man dürfe und man solle den Menschen zwingen, in die Kirche einzutreten: „compellite intrare".

Hinter diesem Wandel von der Glaubensfreiheit zum Glaubenszwang steht ein Prozeß, in dem das Christentum zunehmend mit der Kirche und deren Glaubenslehre identifiziert wurde. Die subjektive Dimension des Glaubens trat immer mehr in den Hintergrund. Glauben wurde als ein *Fürwahrhalten* von Sätzen verstanden. Dadurch wurde das Heil der Menschen ausschließlich von der Zugehörigkeit zur Kirche abhängig gemacht: „extra ecclesiam nulla salus". Aus dieser Überlegung heraus hat *Augustinus* Zwang höher eingestuft als Toleranz.

Ohne daß man sich dessen bewußt gewesen wäre, geschah in dieser Entwicklung Ungeheuerliches: Die absolute Unverfügbarkeit Gottes und seines Heils, die Freiheit seiner Selbstmitteilung und seines Handelns in der Geschichte werden – das ist die nicht reflektierte innere Konsequenz dieses Ansatzes – in Frage gestellt, wenn nicht gar der Kirche untergeordnet. Durch das „extra ecclesiam nulla salus" werden die Dienstfunktion und der vermittelnde Charakter der Kirche verfehlt, denn die Kirche selbst ist nicht das Heil und kann deshalb auch nicht darüber verfügen. Darin kündigt sich eine Gefahr an, die dazu führt, daß sich die Kirche unbemerkt von ihrem Ursprung löst und sich selbst an die Stelle jener Wirklichkeit setzt, auf die hin sie vermitteln und verweisen soll. Solche Tendenzen lagen in der Zeit. Es war aber *Augustinus*, der das Axiom „extra ecclesiam nulla salus" theoretisch untermauert hat.

Ein weiteres Problemfeld muß angesprochen werden: *Augustins Erbsündentheorie*. Nach diesem Theologumenon haben alle Menschen in Adam gesündigt und deshalb den ewigen Tod verdient. Gott handelte gerecht, wenn er alle verdammen würde. Nach einem unerforschlichen Ratschluß hat er aus der „Sündenmasse" Menschheit die Mehrzahl zum Untergang und nur wenige zur Seligkeit bestimmt. An den Geretteten zeigt Gott, daß er nicht nur gerecht, sondern auch barmherzig ist. Mit dieser Lehre von einer doppelten „Prädestination" hat *Augustinus* das Gottesbild des Neuen Testaments und damit die zentrale Botschaft Jesu in ihr Gegenteil verkehrt: Aus dem Gott der vorbehaltlosen Liebe hat er einen Willkürgott gemacht, der nur Schrecken und Angst verbreitet. Für die Folgezeit war *Augustinus* die unangefochtene Autorität in Theologie und Kirche. Die verheerende Wirkung dieses Gottesbildes läßt sich durch die Jahrhunderte verfolgen.

Im Mittelalter wurde die Botschaft des Neuen Testaments unter dem Anspruch des aristotelischen Wissenschaftsbegriffs endgültig auf den Begriff gebracht. *Theologie* wurde zur Wissenschaft. In genialen theologischen Summen wurde die Lehre des Christentums zusammengefaßt und in ein in sich kohärentes und schlüssiges System gebracht. Der Bezug zur Wirklichkeit ging immer mehr verloren. Man betrieb Theologie als „Konklusionstheologie". Die Glaubensartikel wurden als Erkenntnisprinzipien verstanden, von denen man auf dem Wege der Schlußfolgerung, der „conclusio", neues Wissen in Gestalt von in sich richtigen Sätzen ableiten konnte. Diese Methode führt in die Breite, aber nicht unbedingt in die Tiefe. Die Fragwürdigkeit der auf diesem Wege gewonnenen „neuen Wahrheiten" liegt insbesondere darin, daß auf diese Weise die Anzahl richtiger Sätze vermehrt wird, daß diese sich aber immer weiter vom Ursprung und vom Fundament des Christentums entfernen und Gefahr laufen, die Wirklichkeit, von der eigentlich gesprochen werden sollte, aus den Augen zu verlieren. Solcherart Theologie zu betreiben führt zu einer pseudotheologischen Vielwisserei.

Blicken wir zurück: Am Anfang des Christentums steht die geschicht-

liche Wirklichkeit der Person Jesu, das Christusmysterium, das jeder Verfügung durch Menschen entzogen ist. Dessen authentische Bezeugung
und normative Auslegung in der Schrift ist der Ursprung von christlicher
Theologie und zugleich die Basis für alle künftige Theologie. Durch die
Begegnung mit dem metaphysischen Denken der Spätantike – ein Vorgang, der damals unvermeidlich war und sein Recht hatte – wurde die
unverzichtbare Rückbindung an das Christus-*Ereignis* in dem Versuch, die
christliche Botschaft zu einer in sich kohärenten *Lehre* zu machen, ge-
lockert. Dadurch kam in zentralen Fragen die Identität des Christentums
für lange Zeit nicht mehr angemessen zur Geltung.

Diese bedenkliche Entwicklung hat in der sogenannten Neuscholastik
ihren Höhepunkt erreicht und wurde durch die Entscheidungen des Ersten Vatikanischen Konzils (1869–1870) verbindlich festgeschrieben. Man
hatte vergessen, was *Thomas von Aquin* noch wußte und nachdrücklich ins
Bewußtsein rief: Christlicher Glaube richtet sich nicht auf Sätze und Lehren, sondern auf die Wirklichkeit, von der Worte und Sätze handeln –
„Actus autem credentis non terminatur ad enuntiabile, sed ad rem"
(Summa theologiae II/II quaestio 1 art. 2 ad 2).

2. Der theologische Ansatz von Eugen Biser. Einsichten und Konsequenzen

Was die zentralen Probleme angeht, hat Eugen Biser schon früh den doppelten Bruch in der christlichen Tradition scharfsichtig erkannt und überzeugend diagnostiziert.

In formaler Hinsicht bestand dieser Bruch im Umschlag von der Lebenswirklichkeit zum System, vom geschichtlichen Ereignis zu einer Lehrgestalt, die die konkrete Wirklichkeit auf den allgemeinen Begriff brachte
und dadurch in sich abschloß. An die Stelle der in Christus präsenten
Wahrheit der Person trat der Wahrheitsanspruch absoluter Sätze und nach
den Prinzipien griechischer Metaphysik entworfener Systeme – mit allen
sich daraus ergebenden Konsequenzen. Der andere, vielleicht noch gravie-
rendere Bruch mit der Grundbotschaft des Neuen Testaments war die Pervertierung des Gottesbildes: Aus dem Gott der vorbehaltlosen Liebe wurde
ein Angst und Schrecken verbreitender Willkür-Gott. Beide Fehlentwicklungen wirken bis in unsere Gegenwart nach.

In dieser fragwürdigen, ambivalenten Situation setzt die Theologie von
Eugen Biser an – und darin unterscheidet sie sich von der traditionellen

Theologie. Bisers ganzes Bemühen konzentriert sich darauf, das Christentum von einem abstrakten und in sich geschlossenen Lehrsystem zur konkreten Wirklichkeit und so zu seiner ursprünglichen Identität zurückzuführen. Es ist deshalb unmittelbar einsichtig, daß Biser nicht im Horizont der griechischen Philosophie denkt, die nur nach dem bleibenden Wesen, nach dem Allgemeinen und den unveränderlichen Strukturen fragt, dem Veränderlichen jedoch, dem, was sich in der Geschichte ereignet, keinerlei Bedeutsamkeit beimißt und deshalb zum Innersten des Christentums keinen Zugang hat.

Der Horizont, in dem Biser *Christsein* reflektiert, ist die *Heilsgeschichte*. Die genuin christlichen Grundkategorien der Einmaligkeit, der Personalität, Subjektivität und Freiheit treten damit ins Zentrum der Theologie. Sie allein sind geeignet, das Spezifische der christlichen Offenbarung und des Menschen in den Blick zu bekommen. Als Existentialphilosoph und „konkreter Theologe", wie er sich selbst versteht, fragt Biser nicht nach dem Allgemeinen, sondern nach der konkreten Wirklichkeit. Mit dieser Fragestellung vollzieht er eine den Gang seiner Theologie vorentscheidende *Wende* hin *zur Mitte* und zum Ursprung des Christentums: von der isoliert gesehenen Botschaft und Lehre zum Botschafter selbst, zu Jesus Christus, in dem sich Gott den Menschen erschlossen und mitgeteilt hat.

Da der Mensch der Adressat der Offenbarung ist, führt der Weg zum rechten Verstehen der Offenbarung über ein angemessenes Verständnis des Menschen. Die Existenzanalyse ist deshalb ein konstitutives Element der Theologie von Eugen Biser. Der Einzelne in seiner konkreten geschichtlichen Situation, mit der ihn ständig bedrängenden Frage nach dem Sinn des Lebens, ist der Gegenstand seiner mit großem Einfühlungsvermögen durchgeführten Daseinsanalyse. Nicht zuletzt dank seines universalen Wissens und einer hohen Kompetenz auf allen Gebieten der Kunst ist es Biser gegeben, das Innere des Menschen auszuleuchten, seine Nöte und Ängste aufzuspüren und nach dem „Wo", nach dem möglichen Ort menschlicher Geborgenheit, zu fragen. Aus dieser Explikation des Menschen ergibt sich die Frage, auf die die Offenbarung antworten muß, wenn sie vom Menschen vernommen und verstanden werden soll.

Die Mitte und die Norm des Evangeliums ist *Jesus Christus* selbst. Von diesem Zentrum aus entwirft Eugen Biser mit unbeirrbarer Konsequenz seine Theologie. Er eröffnet damit Perspektiven und Kriterien, die manche vertrauten theologischen Vorstellungen und Denkmodelle in einem völlig neuen Licht erscheinen lassen und anderes als mit dem Christentum unvereinbar eliminieren.

Das Grunddatum seiner Theologie, der „Protokollsatz", wie Eugen Biser zu sagen pflegt, ist die Auferstehung Jesu von den Toten. Ohne sie gäbe es kein Neues Testament, kein Christentum und keine Kirche. So steht bei Biser die *Christushermeneutik* am Anfang, das interpretierende Verstehen der Gestalt und der Lebensleistung Jesu – Eugen Biser spricht von einer „Christologie von innen" –, mit der Frage, wie Jesus zu seinem Gottes- und Selbstverständnis kommt, und wie sich beides den Glaubenden und damit der Glaubensgeschichte vermittelt. Die grundlegende Botschaft, die sich darin manifestiert, ist das besondere Verständnis Gottes, den Jesus als den bedingungslos liebenden Vater erfahren und verkündet hat. Dadurch, daß er das Angst- und Schreckenerregende aus dem Gottesbild der Menschheit tilgte, „erwies er sich", so Eugen Biser, „als der größte Revolutionär der Religionsgeschichte". Die Beseitigung der Gottesangst – und das impliziert die Überwindung der Todesangst – ist Erlösung und Befreiung in einem. Die den Menschen ständig bedrängende Sinnfrage ist damit grundsätzlich positiv beantwortet. Der häufig geäußerte, aber deshalb nicht weniger törichte Einwand, Biser würde mit seiner Grundüberzeugung vom vorbehaltlos liebenden Gott der Beliebigkeit das Wort reden, verkennt, daß höchste Liebe zugleich in höchstem Maße in die Pflicht nimmt.

Die in Christus bleibend präsente Botschaft von der Güte und Menschenfreundlichkeit Gottes ist das authentische Interpretament, das allein verbindliche Auslegungsprinzip aller normativen Texte des Christentums, auch des Neuen Testaments. Diese Texte müssen immer wieder neu auf jene Mitte und Wirklichkeit hin gelesen und ausgelegt werden, von der sie Zeugnis geben. Das Christentum ist *keine* primäre Schriftreligion. Weil die Schriften des Neuen Testaments unter der Aporie der „verlorenen Gleichzeitigkeit" und der geographischen Ausbreitung des Urchristentums entstanden sind, besteht die Freiheit des interpretierenden Umgangs mit ihnen, „wenn nicht sogar zu ihrer Umgestaltung und Neufassung", so Eugen Biser.

Im Zusammenhang mit der Auferstehung Jesu formuliert Eugen Biser eine Frage von besonderer Tragweite, die gewöhnlich nicht mit dieser Direktheit gestellt und schon gar nicht beantwortet wird: Wohin ist Jesus auferstanden? Spontan antwortet man: in den Himmel, was immer darunter verstanden werden soll. Nach dem Zeugnis der Schrift – so Eugen Biser – kann die Antwort aber nur lauten: in die Mitte der in seinem Namen Versammelten (Mt 18,20) und damit in die Herzen der Seinen.

Mit diesem Gedanken setzt Biser die Wende zum Zentrum des Christentums fort in der Wende von der Vergegenständlichung zur *Innerlich-*

keit. Dabei werden alle Objektivierungen, wie sie uns in der Lehre, in den Dogmen, im Kult und in der Institution begegnen, auf das in ihnen anwesende Mysterium hin durchbrochen und überstiegen – ein Gedanke von außerordentlicher Tragweite.

Biser macht dadurch mit zwei fundamentalen Grundsätzen authentischer Theologie radikal ernst. Zum einen: Gott wird von keinem Wort begriffen; Gottes Unbegreiflichkeit zu begreifen, ist das Höchste menschlicher Gotteserkenntnis. Und zum anderen: Gott wird mit keiner Sache identisch – diese Einsicht ist insbesondere deshalb von Bedeutung, weil dadurch jede Art von magischer Fehldeutung der Sakramente von vornherein ausgeschlossen wird.

Diese Rückführung nach innen mündet mit zwingender Folgerichtigkeit in „die glaubensgeschichtliche Wende", ein Thema, dem die Aufmerksamkeit von Eugen Biser in besonderem Maße gilt. Nicht zuletzt sieht er darin entscheidende Ansätze zur Überwindung der gegenwärtigen Glaubens- und Kirchenkrise.

Wenn sich das Christentum als *Lehre* versteht, dann ist die adäquate Form zu glauben das *Fürwahrhalten* von Sätzen, und zwar im Gehorsam gegenüber der Autorität Gottes bzw. der von ihm beauftragten Institution. *Glauben* hieße aber dann für den Menschen, sich fremdbestimmen zu lassen, was mit seiner Würde als moralischem Subjekt in Widerspruch stünde. Demgegenüber verlangt Eugen Biser den „Verstehensglauben", einen Glauben, der zu der von den Sätzen angezielten Wirklichkeit vordringt und sich diese Wirklichkeit, im präzisen Sinne des Wortes, aneignet. Offenbarung, auf die sich Glaube immer beziehen muß, kann deshalb nur als Sinnmitteilung Gottes, der sich selbst zu verstehen gibt, interpretiert werden. Ein in solcher Weise helfender Zuspruch kann aber nicht als ein System von Wahrheiten – wie eine Nachricht – überbracht werden, er ereignet sich allein in der unmittelbaren Erfahrung der Glaubwürdigkeit des Boten. Deshalb ist das Christentum eine „mystische Religion", das heißt eine Religion der Erfahrung. Schließlich darf Glaube nicht als eine zu erbringende Leistung verstanden werden, für die der Mensch belohnt wird. Glaube muß vielmehr vom Menschen verantwortet werden. Diese verschiedenen Aspekte des Glaubens münden, in Abhebung von möglichen Fehlformen des Glaubens, in die Wende vom „Gegenstands"- zum „Innerlichkeits"- und „Identitätsglauben". Der zur Botschaft und zur Lehre Gewordene muß aus der Vergegenständlichung befreit und als „inwendiger Lehrer" in den Vollzug des Glaubens hineingenommen werden.

Aus dieser zweifachen Wende geht das Christentum verwandelt hervor, es erhält einen völlig neuen Charakter: „Aus der Religion der distanzierten Verehrung wird die des Sich-Wiederfindens in den Mysterien, aus dem Christentum der dogmatischen und moralischen Normierung wird das, das sich an die Wahrheit hält und so in den hineinwächst, der das Haupt ist: Christus", so Eugen Biser. Diese personale, dialogische Wirklichkeit, die Einwohnung des Geistes, der den Menschen zur Gotteskindschaft erhebt und ihn dadurch zu seiner eigenen Identität führt, das ist die *Wahrheit Christi*. Christsein ist ein Existenzmodus, keine Theorie. Demgegenüber ist die *Wahrheit des Christentums* zweitrangig. Sie hat nur in dem Maße eine gewisse Berechtigung, als ihre Vertreter – erfolgreich – versuchen, in ständigem Rückbezug auf die Wahrheit Christi bzw. die Wirklichkeit des Christseins über diese Wirklichkeit nachzudenken. Dabei muß man sich allerdings bewußtbleiben, daß solches Nachdenken nie begreifend ist und nie mit der Sache verwechselt werden darf. Deshalb kann keine Gestalt der Wahrheit des Christentums, auch wenn sie zu einer bestimmten Zeit einmal ihr Recht hatte, Anspruch auf Endgültigkeit erheben.

Die Wende zur Innerlichkeit ist jedoch nicht das Ende dieses Weges, er verliert sich nicht in sprachlosem Subjektivismus. Aus den Erfahrungen christlicher Existenz und den dabei gewonnenen Erkenntnissen heraus gilt es vielmehr, der Wahrheit Christi *in* der Welt und *für* die Welt eine neue Ausdrucksgestalt zu verleihen. In einem „Dialog aus christlichem Ursprung" soll den Menschen der Daseinssinn vermittelt werden, was gleichbedeutend ist mit der Befreiung der Menschen aus ihrer Existenznot. Dabei geht es nicht darum, die Welt zu belehren, sondern die Welt „in das Christentum einzuweisen" – so der Titel eines der Hauptwerke Eugen Bisers – unter der Leitung der biblischen Weisheit, die, frei von Zwang, in die Offenheit führt.

Aus dieser neuen, in der Mitte des Christentums verankerten Theologie ergeben sich naturgemäß Konsequenzen, die in vielfachen Brechungen alle Bereiche des Christentums betreffen, angefangen von der Lehrgestalt bis hin zur Struktur der Kirche. Notwendige Selbstkorrekturen der christlichen Lehre sind dabei unausweichlich.

Das im strengen Sinne des Wortes Maßgebende und deshalb das Wichtigste dieser von Biser konsequent vollzogenen *Wende* vom System zur Lebenswirklichkeit ist die erneute, weitgehend verlorengegangene Zentrierung auf die Mitte des Evangeliums. Das bedeutet Relativierung in einem positiven und notwendigen Sinne und hat nichts mit Beliebigkeit zu tun, weder auf dogmatischem noch auf moralischem Gebiet.

Von dieser Wende ist in erster Linie die Struktur des Lehrgebäudes betroffen. Das unter dem Anspruch des Wissenschaftsbegriffs griechischer Philosophie konzipierte idealistische Lehrsystem mit den ihm immanenten absoluten Geltungsansprüchen und Zwangsmechanismen gegenüber der geschichtlichen Wirklichkeit kann nicht weiter aufrechterhalten werden. Der wissenschaftstheoretische Bruch mit einer langen und ehrwürdigen Tradition wird in seiner Auswirkung nicht auf den Bereich der Fachtheologen beschränkt bleiben. Das muß fast unumgänglich in weiteren Kreisen zu Irritationen führen. Wer gewohnt ist, die Glaubenssätze für den Gegenstand des Glaubens zu halten, wird sich zumindest anfänglich schwertun, die Differenz zwischen der Wirklichkeit und der Rede von der Wirklichkeit zu realisieren. Es ist der Schritt, so formuliert es Biser, von der Fassade am Dom des Glaubens in das Innere dieses Doms selbst. Es geht dabei nichts verloren, aber es erscheint alles in einem völlig neuen Licht, weil das Ganze auf Gott zentriert ist. In diesem Licht wird vieles, was im Laufe der Geschichte der Vergegenständlichung in den Vordergrund drängte, seinen angemessenen Platz an der Peripherie erhalten und dadurch an Gewicht verlieren und die Mitte für das Eigentliche freimachen. Manches hochgespielte Problem, an dem man heute vielleicht meint, die Identität des Christentums festmachen zu müssen, wird gar als gegenstandslos verschwinden und dadurch die allein angemessene Lösung erfahren. Wenn das theologisch verantwortet geschieht, dann bedeutet das nicht Traditionskritik in einem negativen Sinne, sondern Abwerfen von im Laufe der Geschichte zugewachsenem, heterogenem Ballast.

Aber auch ernsthafte theologische Probleme werden sich durch diese Innensicht neu und anders darstellen. Insbesondere wird sich zeigen, daß manche theologische Kontroverse mehr ein Streit um vorausgesetzte philosophische Konzeptionen und dadurch bedingte sprachliche Formulierungen war als ein Ringen um den Gegenstand selbst. Nicht zuletzt wird für das ökumenische Gespräch diese Innensicht der Mysterien des Glaubens über Formulierungen hinaus zur Sache selbst und dadurch leichter zu einem Konsens führen, denn Biser denkt nicht von der Differenz dogmatischer Formulierungen, sondern von dem Einheitsgrund christlicher Wirklichkeit her.

In diesem Zusammenhang notwendiger Selbstkorrektur christlicher Lehre nennt Biser an erster Stelle die sogenannte „Satisfaktionstheorie", da sie geradezu sadistische Züge in das christliche Gottesbild einzeichne. Der Gedanke, daß Gott als Sühne den grausamen Tod des eigenen Sohnes fordere, damit ihm selbst Genugtuung für die Sünde und Schuld der

Menschen geschehe, steht in diametralem Gegensatz zu dem Gott der Liebe, den Jesus verkündet hat, und verstärkt die Meinung, das Christentum sei eine auf dem Opfergedanken gegründete „asketische Religion". Dieses Theologumenon, das in popularisierter Form eine Überlegung des Mittelalters aufnahm, war einmal ein soziokulturell bedingter, schon lange aber überholter Versuch, Erlösung zu deuten, und hat entscheidend dazu beigetragen, die eigentliche Botschaft des Christentums zu verdunkeln.

Auch das traditionelle Verständnis der Strukturen der Kirche muß hinterfragt und einer kritischen Prüfung unterzogen werden. Die Erhebung des Menschen zur „Gotteskindschaft" – eine der zentralen Aussagen im Neuen Testament und folgerichtig ein Grundgedanke der Theologie Eugen Bisers – impliziert eine tiefgreifende Korrektur des traditionellen, zentralistischen Kirchenverständnisses. Der Gedanke, daß durch Jesus Christus alle Menschen Kinder Gottes werden, verlangt die fundamentale Gleichheit und grundlegende Ebenbürtigkeit aller Kirchenangehörigen. Schon das Zweite Vatikanum (1962–1965) hat diesen Sachverhalt nachdrücklich herausgestellt. Durch die heute offenkundigen Tendenzen, das Konzil zu unterlaufen, werden diese Einsichten aus dem Bewußtsein mancher kirchlichen Amtsträger verdrängt.

Die schwerwiegenden Fehlentwicklungen innerhalb der Kirche, die mit den Schlagworten *Papalismus, Klerikalismus, Laizismus* gekennzeichnet werden und der Kirche und dem Christentum großen Schaden zugefügt haben, sollten endlich überwunden werden. Im Blick auf die grundlegende Gemeinsamkeit aller Kirchenglieder steht die Differenzierung innerhalb der Kirche durch Bischofs- und Priesterweihe an zweiter Stelle. Die durch Taufe und Firmung begründete Gemeinsamkeit wird durch den Ordo nicht aufgehoben, sondern aus- und umgestaltet. Die Sendungsaufgabe – Priesteramt, Lehramt, Hirtenamt – ist der Kirche eingestiftet, und alle ihre Glieder nehmen daran teil, die Laien natürlich auf andere Weise als die Kleriker. So ist die Kirche also weder Papstkirche noch Laienkirche – als eine und ganze ist sie die christliche Kirche. Damit ist gesagt, daß die ganze Kirche – auch die Hierarchie – grundsätzlich auch hörende Kirche ist. Ebenso steht das Lehramt unter der Norm der Offenbarung und unterliegt in dieser Hinsicht den gleichen Voraussetzungen wie die Theologie. Von der Sache her ist deshalb vom Lehramt gefordert, gesicherte Ergebnisse der wissenschaftlichen Theologie in lehramtliche Entscheidungen einzubeziehen. Wenn die Erkenntnisquelle der Theologie der Glaube der Gesamtkirche ist, und wenn die Lehrgewalt beim Papst in Verbindung mit dem Gesamtepiskopat liegt, dann sollte es solche theologischen Kontroversen, wie wir sie immer wieder erfahren müssen, nicht mehr geben.

3. Zukunftsperspektiven

Das formalmethodische Prinzip der Theologie von Eugen Biser ist der *Dialog*. Voraussetzung dafür ist der Durchbruch von der Wahrheit des Christentums zur Wahrheit Christi.

Über absolute Wahrheitsansprüche kann man in kein Gespräch eintreten. Gerade mit ihrer Berufung auf Gott grenzen sie ab und errichten Mauern. Lehren und Definitionen stehen am Ende dieses Prozesses. Christus, der mit der Botschaft identische Bote, entschwindet im Hintergrund. Wenn also Dialog möglich sein soll, dann muß Wahrheit personal, als Wahrheit Christi, konzipiert werden. Nur dadurch wird die Kirche prinzipiell dialogfähig und damit offen für alle Menschen – eine unverzichtbare Forderung der christlichen Botschaft.

In vier konzentrischen Kreisen muß dieser Dialog nach der theologischen Grundintention von Eugen Biser angesetzt und durchgeführt werden: zunächst, und das ist der erste Kreis, im innerkatholischen Raum. Eugen Biser versteht die Selbsterschließung des trinitarischen Gottes als ein den Menschen einbeziehendes, dialogisches Geschehen. Theologie und christliche Praxis müssen deshalb grundsätzlich dialogischen Gesetzen folgen. Auch die theologische Wahrheitsfindung muß in kommunikativer Auseinandersetzung geschehen. Der Weg der Verordnung von oben nach unten wird der richtig verstandenen Struktur der Kirche als Volk Gottes in keiner Weise gerecht.

Ein zweiter Kreis – und damit die nächste Ebene des Dialogs – ist das Gespräch zwischen den christlichen Konfessionen. Theologische Streitereien über Formulierungen der vergegenständlichten Wahrheit des Christentums dürfen in keinem Fall die christliche Ökumene beherrschen. Im Vordergrund muß vielmehr das Ringen um die Einheit aus der Wahrheit Christi stehen.

Einen dritten, noch umfassenderen Kreis bildet der Dialog mit den abrahamitischen Religionen, dem Judentum und dem Islam.

Der vierte konzentrische Kreis umgreift schließlich alle Religionen und Weltanschauungen, die unterschiedlichen Ausprägungen des Agnostizismus und Atheismus eingeschlossen.

4. Würdigung

Wer die äußere Lehrgestalt der Kirche mit der Sache des Christentums identifiziert, dem mag das Lebenswerk von Eugen Biser wie ein Beitrag zur Destruktion des Christentums erscheinen; erste Stimmen in diesem Sinne sind bereits zu vernehmen. Solches braucht nicht weiter zu beunruhigen, es ist das Kennzeichen von Umbruchzeiten, wie ein Blick in die Theologiegeschichte lehrt.

Beginnend bei den Kirchenvätern, steht Eugen Biser selbstverständlich in der großen Tradition der abendländischen Theologie. Er kennt ihre Wege und Umwege ebenso wie ihre gelegentlichen Abwege. Stark beeinflußt von *Sören Kierkegaard* und in ständiger Auseinandersetzung mit *Friedrich Nietzsche*, hat er Impulse der Theologie des 20. Jahrhunderts, vor allem des Zweiten Vatikanischen Konzils, aufgenommen; er hat sie in seinem Werk mit der ihm eigenen theologischen Kompetenz koordiniert und mit allen Konsequenzen in eigener Verantwortung weitergedacht.

Bei der Würdigung der Theologie von Eugen Biser ist ein Doppeltes zu beachten. Zunächst einmal liegt die Bedeutung seiner Theologie in der Plausibilität ihres Ansatzes und in der Stringenz und Konsequenz ihrer Durchführung. Darüber hinaus tritt aber – davon war wiederholt die Rede – der Rang seines theologischen Gesamtentwurfs erst dann ins Bewußtsein, wenn man dessen Stellung in der Entwicklung der abendländischen Theologiegeschichte berücksichtigt. Das war der Grund, weshalb ich in einem ersten Schritt etwas weiter ausgegriffen habe. Bisers Lebensleistung korrespondiert jenem Prozeß im 3. und 4. Jahrhundert, in dem das Christentum zu einer Lehre wurde – mit allen negativen Konsequenzen, die sich daraus ergaben. Mit ausdrücklichem Bezug darauf geht Eugen Biser den umgekehrten Weg und führt dadurch das Christentum zu seiner ursprünglichen Identität zurück.

Man kann sich fragen, ob Eugen Biser ein konservativer oder ein progressiver Theologe ist: Einer solchen äußerlichen Etikettierung entziehen sich seine Person und sein Werk. Eugen Biser war nie *konservativ* in dem Sinne, daß er die Absicht verfolgte, innerhalb der kirchlichen Hierarchie Karriere zu machen. Er war nie *progressiv*, um in die Schlagzeilen der Tagespresse zu kommen. Ohne inneren Bruch – man kann das in seiner Theologie nachvollziehen – ging es ihm immer und allein um das Zentrum, um die Sache des Christentums, ohne Rücksicht auf Beifall oder Mißbilligung. Der *Wahrheit Christi* galt und gilt seine ganze Schaffenskraft. Gerade deshalb impliziert seine Theologie eine revolutionäre und zugleich evolutionäre Dynamik. So kann er von sich selbst sagen: „Ich bin kein Revolutionär, aber ich bin der Meinung, daß die Kirche im besten Sinn des Wortes unterwandert werden muß, und zwar durch eine größere Wahrheit, durch die ursprüngliche Wahrheit, und daß das Gebäude der Kirche, um dieser Wahrheit Rechnung zu tragen, irgendwann nachgeben muß, um so diese Wahrheit zur Geltung kommen zu lassen. Das kann keine andere als die *Wahrheit Jesu Christi* sein."

Namenregister

Abaelard, Peter 126
1079–1142,
französischer Philosoph und Theologe der Frühscholastik
Adorno, Theodor W. 44, 46
1903–1969,
Philosoph, Soziologe und Musik-
theoretiker, Vertreter der Frankfurter
Schule
Aristoteles 42, 78
384–322 v. Chr.,
neben Plato bedeutendster altgrie-
chischer Philosoph
Attar, Farid al-Din 94
ca. 1136/1142–ca. 1220/1221,
persischer Dichter und Mystiker des
Islam
Auden, Wystan Hugh 48
1907–1973,
englischer Schriftsteller
Augustinus 33, 50 f., 54 f., 57, 70, 103,
110, 116, 122, 133, 139 f.
354–430,
Philosoph und Theologe, lateinischer
Kirchenvater, Bischof von Hippo

Bergengruen, Werner 48, 62
1892–1964,
Dichter und Schriftsteller
Blondel, Maurice 53, 70 f.
1861–1949,
französischer christlicher Philosoph
Boëthius, Anicius Manlius Severinus 126
ca. 475/480–ca. 525,
römischer Staatsmann und christlicher Philosoph
Buber, Martin 53, 88 f.
1878–1965,
jüdischer Religionsphilosoph, Päd-
agoge und Schriftsteller

Darwin, Charles Robert 81
1809–1882,
britischer Naturforscher und Biologe
Descartes, René 103
1596–1650,
französischer Philosoph, Mathematiker und Naturwissenschaftler
Dionysios Areopagita 56
Pseudonym eines christlichen Neu-
platonikers um ca. 500 n. Chr.
Dodds, Eric Robertson 53
1893–1979,
britischer Altphilologe, Altertums-
forscher

Eckhart, Meister 92, 96
1260–ca. 1327/1328,
Dominikaner, Theologe, Prediger
und Mystiker

Feuerbach, Ludwig 81
1804–1872,
Philosoph, Schüler Hegels
Fichte, Johann Gottlieb 40
1762–1814,
Philosoph, Vertreter des Deutschen
Idealismus
Foucauld, Charles de 88
1858–1916,
französischer Missionar und Afrika-
forscher
Franz Xaver 109
1506–1552,
spanischer Jesuit, Mitbegründer des
Jesuitenordens, Missionar

Freud, Sigmund 50, 67 f., 81 f.
1856–1939,
Neurologe, Begründer der Psycho-
analyse

Goethe, Johann Wolfgang von 68, 76
1749–1832,
Dichter und Schriftsteller
Guardini, Romano 37, 40 f., 58, 64, 83,
118
1885–1968,
katholischer Religionsphilosoph und
Theologe

Habermas, Jürgen 20
1929,
Philosoph und Soziologe, Schüler
von Th. W. Adorno
Haffner, Sebastian (Raimund Pretzel)
55, 123
1907–1999,
Jurist, Journalist, Autor zeit-
geschichtlicher Darstellungen
Hegel, Georg Wilhelm Friedrich 40
1770–1831,
Philosoph, Vertreter des Deutschen
Idealismus
Heidegger, Martin 44, 46, 117
1889–1976,
Philosoph, Vertreter der deutschen
Existenzphilosophie
Heiler, Friedrich 89, 99
1892–1967,
evangelischer Theologe und Religionswissenschaftler
Hitler, Adolf 36, 38, 41, 55, 115, 123
1889–1945,
nationalsozialistischer Politiker

Irenäus von Lyon 91
ca. 140–ca. 200,
lateinischer Kirchenvater, Bischof
von Lyon und Vienne, Gegner der
Gnosis

Jaspers, Karl 48, 63
1883–1969,
Philosoph und Psychiater, Vertreter
der deutschen Existenzphilosophie
Jeremias, Joachim 102
1900–1979,
evangelischer Theologe
Joachim von Fiore 115
ca. 1130–1202,
Mystiker, Theologe und Ordens-
gründer
Jung, Carl Gustav 81
1875–1961,
schweizerischer Psychiater und
Psychologe, Begründer der Analyti-
schen Psychologie

Kant, Immanuel 22 f., 36 f., 40, 72
1724–1804,
Philosoph der Aufklärung, Begründer der Transzendentalphilosophie
Kierkegaard, Sören 24, 40, 64, 101, 132,
149
1813–1855,
dänischer Philosoph, Theologe und
Dichter
Kleist, Heinrich von 20 f., 40
1777–1811,
Dichter und Schriftsteller
Kobell, Franz von 60
1803–1882,
Mineraloge und Schriftsteller
Kopernikus, Nikolaus 81
1473–1543,
Astronom, Wegbereiter des heliozen-
trischen Weltsystems

le Fort, Gertrud von 62
1876–1971,
Schriftstellerin
Lohse, Eduard 99
1924,
evangelischer Theologe und Landes-
bischof a. D.

Lorenz, Konrad 19, 28 f.
1903–1989,
Verhaltensforscher und Schriftsteller,
Mitbegründer der vergleichenden
Ethologie
Luther, Martin 46, 48
1483–1546,
Theologe und Reformator

Mersenne, Marin 103
1588–1648,
französischer Theologe, Philosoph,
Musik- und Naturwissenschaftler
Mozart, Wolfgang Amadeus 103
1756–1791,
Komponist

Nietzsche, Friedrich 25, 29, 44, 50, 67,
68, 77, 80 f., 128, 149
1844–1900,
Philosoph
Novalis (Friedrich von Hardenberg) 90
1772–1801,
Jurist, Naturwissenschaftler, Philosoph und Dichter der Frühromantik

Origenes von Alexandrien 112, 116
ca. 185–253/254,
frühchristlicher Theologe und Philosoph
Ortega y Gasset, José 76
1883–1955,
spanischer Philosoph und Essayist
Otto, Rudolf 104
1869–1937,
evangelischer Theologe und Religionswissenschaftler

Pascal, Blaise 49, 62
1623–1662,
französischer Mathematiker, Physiker und Philosoph
Pfister, Oskar 50
1873–1956,
schweizerischer reformierter Pfarrer
und Psychoanalytiker
Pico della Mirandola, Giovanni
31, 35
1463–1494,
italienischer Humanist und Philosoph
Pieper, Josef 40, 42
1904–1997,
christlicher Philosoph
Plato 22, 59, 78 f.
427–347 v. Chr.,
griechischer Philosoph, Schüler
des Sokrates, Begründer der Akademie
Plotin 79
ca. 205–270,
griechischer Philosoph, bedeutendster Vertreter des Neuplatonismus
Postman, Neil 38, 41
1931–2003,
amerikanischer Kommunikations-
und Medienwissenschaftler
Poulenc, Francis 62
1899–1963,
französischer Komponist

Reger, Max 103
1873–1916,
Komponist
Reik, Theodor 50
1888–1969,
Psychologe und Psychoanalytiker,
Schüler Freuds
Riesman, David 49
1909–2002,
amerikanischer Soziologe
Rückert, Friedrich 76
1788–1866,
Dichter und Orientalist

Scheler, Max Ferdinand 40
1874–1928,
Philosoph und Soziologe

Schelling, Friedrich Wilhelm Joseph von
40
1775–1854,
Philosoph, Vertreter des Deutschen
Idealismus
Schubert, Franz 46, 76
1797–1828,
Komponist
Söhngen, Gottlieb Clemens 71 f.
1892–1971,
katholischer Theologe und Philosoph
Sophokles 18
ca. 497/6–406/5 v. Chr.,
griechischer Tragödiendichter
*Stalin, Josef (Jossif Wissarionowitsch
Dschugaschwili)* 38, 41
1879–1953,
sowjetkommunistischer Politiker

Theoderich der Große 126
ca. 453–526,
Ostgotenkönig
Theophil von Antiochien 18 f.
ca. 2. Jh.,

frühchristlicher Apologet und
Bischof von Antiochia
Thomas von Aquin 26 ff., 40, 67, 126,
141
ca. 1224/5–1274,
Dominikaner, Theologe und Philosoph, Kirchenlehrer

Watzlawick, Paul 73
1921–2007,
Philologe, Philosoph, Psychologe
und Kommunikationswissenschaft-
ler
Weber, Max 41
1864–1920,
Soziologe und Politiker, Begründer
der Religionssoziologie
Weil, Simone Adolphine 56
1909–1943,
französische Philosophin und
Mystikerin
Wrede, William 69, 91
1859–1906,
evangelischer Theologe

Anliegen und Aufgabe der Eugen-Biser-Stiftung ist es, das noch weitgehend unerforschte philosophische und theologische Werk Eugen Bisers zu erschließen und für die künftige Entwicklung des Christentums fruchtbar zu machen – ein Prozeß, der für alle Bereiche menschlichen Zusammenlebens von nicht zu unterschätzender Bedeutung ist. Die formale Methode des Biserschen Denkens ist der Dialog, wie es auch der Name der Eugen-Biser-Stiftung zum Ausdruck bringt: Sie steht für „Dialog aus christlichem Ursprung".

In vier konzentrischen Kreisen muß dieser Dialog nach der Grundintention von Eugen Biser durchgeführt werden. Der erste Kreis umfaßt den innerkatholischen Raum. Eugen Biser versteht die Selbsterschließung des dreifaltigen Gottes als ein den Menschen einbeziehendes, dialogisches Geschehen. Einen zweiten Kreis – und damit die nächste Ebene des Dialogs – bildet das Gespräch zwischen den christlichen Konfessionen. Im Vordergrund muß dabei das Ringen um die Einheit aus der Wahrheit Christi stehen. Ein dritter, noch umfassenderer Kreis umschließt den Dialog mit den abrahamitischen Religionen, dem Judentum und dem Islam. Der vierte konzentrische Kreis umgreift schließlich alle Religionen und Weltanschauungen, die unterschiedlichen Ausprägungen des Agnostizismus und Atheismus eingeschlossen.

Diesem Aufbau entsprechen die Tätigkeitsfelder der 2002 errichteten Eugen-Biser-Stiftung, die in der Theologie Eugen Bisers verankert und verwurzelt ist. Die existentiellen Fragen jedes einzelnen Menschen, die geprägt sind von Ängsten und Nöten, sind für Eugen Biser nicht nur von wissenschaftlichem Interesse, sondern sind ihm ein erklärtes pastorales Anliegen. Er versteht das Christentum als eine Religion, die Angst und Tod überwindet. Damit unterstreicht er nachdrücklich den therapeutischen Charakter der Botschaft Jesu Christi.

Nicht nur innerchristlich, sondern auch gesellschafts- und kulturpolitisch befinden wir uns heute in einer tiefgreifenden Umbruchsituation. Aus der Überzeugung, daß ohne Frieden unter den Religionen kein Friede in der Welt möglich ist, sieht die Eugen-Biser-Stiftung im interreligiösen Dialog eine besondere Aufgabe. Deshalb intensivierte und intensiviert sie nicht nur das innerkatholische und innerchristliche Gespräch, sondern auch den Kontakt und den Dialog mit den abrahamitischen Religionen – auf Grund der konkreten Situation insbesondere mit dem Islam –, um im Sinne Eugen Bisers durch die Vermittlung der Grundwerte des Christentums Impulse zu geben für ein friedliches Miteinander von Religionen und Nationen. Dieser Prozeß impliziert die soziale wie kulturelle, politische wie rechtliche Gestaltung des Zusammenlebens in wechselseitiger Toleranz und Anerkennung.

Die Eugen-Biser-Stiftung sucht diese Ziele auf vielfältige und nur durch Sponsoren realisierbare Weise zu verwirklichen. In Publikationen und wissenschaftlichen Studien, die durch Forschungsstipendien finanziert werden, in öffentlichen Veranstaltungen und internationalen Symposien bemüht sich die Eugen-Biser-Stiftung, das Anliegen ihres Namensgebers umzusetzen. Nachfolgend genannte Gremien sind hierfür verantwortlich: der Stiftungsrat, dem die Professoren Prof. Dr. Dr. Dr. h. c. Eugen Biser, Prof. Dr. Richard Heinzmann, Prof. Dr. Martin Thurner, Prof. Dr. Gunther Wenz und Prof. Dr. Michael Wolffsohn angehören; der Stiftungsvorstand unter der Leitung von Frau Marianne Köster und das Kuratorium unter dem Vorsitz von Prof. Dr. Dr. h. c. Paul Kirchhof. Schirmherr der Eugen-Biser-Stiftung ist S. K. H. Herzog Franz von Bayern.

Marianne Köster
Vorstandsvorsitzende der Eugen-Biser-Stiftung